박태환, 0.01초에 승부를 거는
희망의 마린보이

박태환, 0.01초에 승부를 거는
희망의 마린보이

초판 1쇄 인쇄 | 2016년 12월 15일
초판 1쇄 발행 | 2016년 12월 19일

지은이 | 임진국
그린이 | 이정헌
펴낸이 | 박영욱
펴낸곳 | (주)북오션
브랜드 | 스코프

편 집 | 허현자 · 이소담
마케팅 | 최석진 · 임동건
표지 및 본문 디자인 | 서정희

주 소 | 서울시 마포구 서교동 468-2
이메일 | bookrose@naver.com
페이스북 | facebook.com/bookocean21
블로그 | blog.naver.com/bookocean
전 화 | 편집문의: 02-325-9172   영업문의: 02-322-6709
팩 스 | 02-3143-3964

출판신고번호 | 제313-2007-000197호

ISBN 978-89-6799-316-0 (73810)

이 도서의 국립중앙도서관 출판예정도서목록(CIP)은 서지정보유통지원시스템
홈페이지(http://seoji.nl.go.kr)와 국가자료공동목록시스템
(http://www.nl.go.kr/kolisnet)에서 이용하실 수 있습니다.
(CIP제어번호: CIP2016028993)

*이 책은 북오션이 저작권자와의 계약에 따라 발행한 것이므로 내용의 일부 또는
 전부를 이용하려면 반드시 북오션의 서면 동의를 받아야 합니다.
*책값은 뒤표지에 있습니다.
*잘못 만들어진 책은 구입하신 서점에서 교환해 드립니다.

박태환, 0.01초에 승부를 거는 희망의 마린보이

임진국 지음 | 이정헌 그림

머리말

한 소년의 성장 이야기

　우리나라에는 많은 스포츠 스타가 있습니다. 그런데 모든 사람들의 사랑을 받는 스포츠 스타는 드뭅니다. 사람들은 단순히 운동을 잘한다고 해서 그들을 좋아하지는 않습니다. 운동을 잘하는 사람만 좋아한다면 경기에서 1등을 하는 선수만 스타가 될 것입니다. 하지만 사람들은 1등을 하지 못하더라도 자신이 좋아하는 선수를 응원하고 아낌없이 사랑해줍니다.

　성적 때문이 아니라면 왜 사람들은 스포츠 스타를 좋아할까요? 그것은 바로 드라마가 있기 때문입니다. '드라마가 있다'는 말은 극적인 일이 있다는 뜻이지요. 오래 뛰기 힘든 평발을 극복한 박지성 선수, 학생 때는 투수였다가 아시아의 홈런왕이 된 이승엽 선수, 혹은 천방지축 사고뭉치 선수를 좋아하는 경우도 있죠. 이렇게 드라마가 있는 선수에게 사람들은 매력을 느낍니다.

　우리나라 국민 대부분은 박태환 선수를 좋아합니다. 물론 올림픽에서 금메달을 딸 만큼 성적이 좋은 것도 이유이겠죠. 그런데 런던 올림픽과 리우 올림픽에서는 금메달을 놓쳤는데도 사람들은 박태환 선수를 더욱 좋아하게 되었습니다. 왜 그럴까요?

　박태환 선수에게는 '성장'이라는 드라마가 있었기 때문입니다. 박태환 선수는 항상 어려운 환경을 이겨냈습니다. 그러면서 조금 더 '큰 사람'으로 성장했지요. 몸이 커진 것뿐이 아니라 마음도 커졌습니다.

　박태환 선수는 열여섯의 나이에 꿈의 무대 올림픽에 처음으로 출전했지만 과도한 긴장 탓에 실격당하는 안타까운 일을 겪기도 했습니다. 그러나 떨치고 일어나 자신의 실수를 반성하며 수만 번 연습을 반복했습니다. 결국 지금은 세계에서 가장 출발이 빠른 선수가 되었죠. 여기서도 한 단계 성장한 모습을 우리 국민들은 목격했습니다.

　또 베이징 올림픽이 끝나자마자 나간 세계선수권대회에서는 예선 탈락을 하는 아픔을 겪었습니다. 수영을 포기하고 싶을 만큼 고통을 겪었지만 박태환 선수는 새로운 목표를 정하고 다시 일어섰습니다.

　런던 올림픽에서는 예선을 치르다가 실격 판정을 받기도 했지요. 평소와 똑같이 경기를 했는데 실격 판정을 받았기 때문에 정신적으로 매우 혼란스러운 상황이었습니다. 결국 판정이 취소되기는 했지만 결선을 준비해야 할 귀중한 시간에 아무것도 못하고 휴식도 취하지 못했죠. 그래도 박태환 선수는 흔들리지 않고 최선을 다해 은메달을 땄습니다.

대범하게 자신을 다스릴 줄 아는 사람으로 성장한 것이죠. 텔레비전과 뉴스로 박태환 선수의 소식을 들은 국민들은 다들 느꼈습니다. '우리 박태환 선수가 이렇게 훌륭하게 성장했구나.'

2014년 박태환 선수는 선수로서는 정말 엄청나게 큰 위기를 맞았습니다. 실수로 맞은 약물이 도핑검사에서 검출되었기 때문이지요. 규정에 따라 아시안 게임에서 딴 6개의 메달 취소와 18개월 선수자격 박탈이라는 아픔을 겪고, 2016년 천신만고 끝에 리우 올림픽에 출전했지만 전 종목 예선탈락에 그쳤습니다. 박태환 선수는 사람들의 실망과 꾸짖음 소리를 들으면서도 꿋꿋하게 자신을 다잡았습니다. 리우에서 돌아오자마자 훈련에 돌입해서 전국체전에서 2관왕, 도쿄 아시아수영선수권대회에서 4관왕을 거머쥐는 부활의 신호탄을 쏘았습니다.

이 책을 보는 어린이 독자 여러분에게는 앞으로 즐거운 일도 생길 것이고 어려운 일도 생길 것입니다. 그중에서 어려운 일이 닥쳤을 때 어떻게 헤쳐 나가느냐에 따라 여러분이 어떻게 성장할지가 바뀝니다.

　실수를 했을 때 몰래 감춰두기보다는 왜 실수를 했을까 생각해보고 다시는 실수를 하지 않도록 연습하면 실수는 실력으로 둔갑할 것입니다. 친구들이 나를 몰라줄 때 더 열심히 나를 갈고닦으면 어느새 친구들이 존경하는 눈빛으로 쳐다볼 것입니다. 마치 박태환 선수가 그랬던 것처럼 말이죠.

　박태환 선수를 이렇게 잘 성장시킨 것은 '긍정적인 태도'와 '끝없는 도전정신' 이었습니다. 그는 하루에 1만5000미터 이상을 헤엄치면서도 힘들다고 생각하지 않았습니다. '오지 않은 미래를 걱정하지 말고 오직 현재에 충실하자' 는 마음가짐으로 심장이 터지도록 연습을 했습니다.

　어린이 여러분도 박태환 선수의 이야기를 읽으며 오늘의 노력이 나를 성장시킨다는 마음으로 하루하루 재미있게 즐기길 바랍니다.

임진국

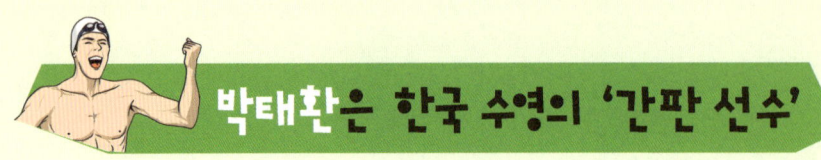
박태환은 한국 수영의 '간판 선수'

1989년생인 박태환 선수는 수영의 불모지였던 한국에 혜성처럼 등장한 선수입니다. 앓고 있던 천식을 치료하기 위해 다섯 살 때 시작한 수영에서 뛰어난 재능을 보였습니다. 중학교 3학년 어린 나이에 국가대표로 뽑혀 아테네 올림픽에 참가하기도 했습니다. 아테네 올림픽에서는 너무 긴장해서 출발 신호 전에 먼저 출발하는 부정출발로 실격했지만 고등학교 1학년 때인 2005년에 혼자서 한국 신기록 여섯 개를 수립했습니다.

2006년 도하 아시안 게임에 참가해 자유형 200미터와 1500미터 경기에서 아시아 신기록을 세우며 금메달을 땄습니다. 자유형 400미터까지 합해 금메달 3개, 은메달 1개, 동메달 3개를 따며 대회 최우수 선수(MVP)도 오릅니다.

2007년은 평소 존경하던 선수인 해켓을 호주 멜버른 세계선수권대회에서 누르고 400미터 금메달을 땀으로써 세계의 주목을 받았습니다.

드디어 2008년 베이징 올림픽에서 400미터 자유형 경기에 출전해 동양인으로서는 처음 금메달을 땁니다. 자유형 경기는 이전까지 서양인보다 체격이 작은 동양인은 금메달을 딸 수 없다는 편견이 있었는데, 다른 선수보다 거의 20센티미터나 작은 박태환 선수가 이루어낸 쾌거였습니다.

2010년 광저우 아시안 게임에서도 3관왕에 오르며 런던 올림픽에 대한 기대를 한몸에 받았습니다.

아쉽게도 2012년 런던 올림픽에서는 실격 판정이 번복되는 논란 속에서도 200미터, 400미터 자유형에서 모두 은메달을 따냈습니다. 국민들의 마음속에서 박태환 선수가 딴 은메달은 금메달보다 더 귀한 메달이었습니다.

이제 박태환 선수는 국민 모두의 아들이자, 국민 남동생 혹은 국민 오빠로 자리매김하였답니다.

하지만 이렇게 승승장구하고 사랑받던 박태환 선수는 일생일대 최대의 위기를 맞습니다. 2014년 아시안 게임을 앞두고 실시한 도핑검사에서 '경기 향상을 위한 약물'로 수영 선수에게는 금지되어 있는 성분이 검출되었기 때문이지요. 박태환 선수는 몸이 좋지 않아서 처방을 받고 주사를 맞았는데 실수로 그 성분이 들어간 약품이었던 것이랍니다.

비록 고의가 아니었지만 규정에 따라 박태환 선수는 2014년 아시안 게임에서 땄던 6개의 메달이 모두 취소되었고, 선수 활동은 18개월 동안 자격이 정지되었습니다. 정말 뼈아픈, 돌이킬 수 없는 후회와 반성의 시간이 필요했습니다.

하루아침에 박태환 선수는 '약물 선수'가 되어 많은 비난과 꾸짖음을 감수해야 했습니다. 후원 회사도 없이, 연습할 수영장도 구하지 못해 정말 속상하고 서글퍼져서 '수영을 그만 둬야 하나' 하는 생각까지 하게 되었답니다.

2016년 규제 기간이 끝나고 박태환 선수가 고대하던 리우 올림픽이 다가왔습니다. 하지만 여전히 '악몽'은 끝나지 않았습니다. 대한체육회 등 관련기관의 어른들이 국내 규정을 들어 출전을 허락하지 않았습니다. 박태환 선수는 비록 잘못을 했었지만, 또다시 같은 벌을 한 번 더 받아야 하는 것은 부당하다고 생각해서 출전 의사를 굽히지 않았습니다. 사정사정을 해봤지만 요지부동이라 할 수 없이 법원과 국제스포츠중재재판소(CAS)의 도움을 받아 대표선수 출전 자격을 얻어냈습니다. 대회가 코앞에 다가섰을 때였답니다.

마침내 천신만고 끝에 출전한 리우 올림픽! 그러나 출전이 불확실한 상태에서 마음고생에 심한 스트레스를 받던 박태환 선수는 참담한 결과를 안고 돌아왔습니다. 전 종목 예선 탈락에 마지막의 1500미터 경기는 출전을 포기한 채로 입을 꾹 다물고 조용히 귀국한 것이지요. 사람들은 "이제 박태환은 끝이야" 하고 원망과 아쉬움으로 등을 돌렸습니다.

　기적은 사람들이 기대하지 않을 때 일어난다고 합니다. 하지만 박태환 선수의 기적은 눈물 젖은 훈련과 땀방울이 만들어낸 결과였습니다.
　2016년 10월부터 박태환 선수는 기적같은 부활의 신호탄을 쏘아 올리기 시작했습니다. 전국체전에서 200미터, 400미터 금메달 2관왕, 11월에는 도쿄 아시아수영선수권대회에서 100미터, 200미터, 400미터, 1500미터 금메달 4관왕의 위업을 달성했습니다.

　박태환 선수의 끝은 어디일까요? 그것은 바로 우리들의 꿈이 있는 곳입니다.
　우리들의 세계로 향한 꿈, 용기를 잃지 않고 도전하는 꿈이 있는 곳에 박태환 선수의 희망이 함께 있습니다.
　자, 이제 박태환 선수의 어린 시절부터 힘차게 가르던 물살을 우리도 따라 가볼까요?

차례

머리말 한 소년의 성장 이야기   4
박태환은 한국 수영의 '간판 선수'   8

1장 차가운 물살을 가르는 게 즐거워
콜록 콜록, 천식을 고치기 위해 시작한 수영   16
노민상 선생님을 만나다   23
엄마, 아프지 말아요   28
내 꿈은 올림픽 금메달!   33
지식창고 수영대회 종목과 유리한 레인   37

2장 실수는 있어도 실패는 없어
어리둥절 태릉선수촌 입촌   40
꼬꼬마 국가대표 실격당하다   45
나는 다시 일어날 거야   51
지식창고 태릉선수촌에는 누가 있을까   55

3장 나는야 신기록 제조기
6개의 한국 신기록을 세운 신동   58
MVP는 즐거워   62

나만의 수영을 할 거야　68
올림픽 훈련, 대위기에 빠지다　72
체력 끌어올리기 대작전　75
지식창고 수영 선수들은 왜 다들 키가 클까　80

4장 최고의 순간부터 최악의 순간까지

두근두근 베이징 올림픽　84
내가 해냈어!　89
악몽의 로마 세계선수권대회　95
새로운 스승을 만나다　98
나는 아직 부족하지만 수영은 정말 재미있어　102
지식창고 전신수영복과 기록의 관계　105

5장 나의 수영은 즐거워

다시 찾은 영광　108
안녕 감독님　113
아, 런던 올림픽 400미터　116
0.01초의 경기와 우정의 은메달　122
미래를 향해 스트로크!　128
지식창고 선수들과 도핑검사　131

6장 절망 뒤엔 또다시 용기가

박태환수영장이 생겼어요!　134
수영으로 지구를 몇 바퀴 돌았을까?　138
정말 리우에 가고 싶었어요!　143
쑨양, 세계선수권대회에서 만나사!　148

1장
차가운 물살을 가르는 게 즐거워

콜록 콜록, 천식을
고치기 위해 시작한 수영

"천식에는 수영이 좋습니다."

어머니는 소아과 의사의 말에 귀가 솔깃했습니다. 천식으로 감기를 달고 사는 어린 아들이 나을 수만 있다면 지옥에라도 뛰어들고 싶은 심정이었으니까요.

"선생님, 정말 수영이 효과가 있을까요?"

"수영을 하면 폐활량이 늘어나 안정적인 호흡이 가능해 천식을 고칠 수 있기도 해요."

"그렇긴 해도……."

"제 환자 중에도 수영으로 천식을 고친 사람이 많습니다."

어머니는 집으로 돌아온 뒤 아버지와 상의했습니다.

"우리 태환이 수영장 보냅시다. 수영하면 천식을 고칠 수 있대요."

"글쎄……, 아직 너무 어리지 않아?"

아버지는 망설였습니다. 박태환은 아직 다섯 살밖에 되지 않았거든요. 더군다나 가정 형편도 넉넉하지 못했습니다.

천식은 우리 몸속에서 공기가 왔다갔다하는 통로인 기관지에 문제가 생겨서 발생하는 병입니다. 기침을 많이 하게 되고 숨을 쉬기가 힘들어져 매우 고통스럽답니다. 그래서 박태환의 어머니는 아들이 수영을 열심히 해서 병이 낫기를 바랐어요.

"걱정 말아요. 먹는 것, 입는 것 조금씩 줄이면 돼요."

밝고 씩씩한 어머니는 아버지의 걱정을 잘 알지만 그럼에도 박태환에게 수영을 시키기로 했습니다.

"가자! 태환아."

"어디요?"

"신나게 물놀이 할 수 있는 수영장! 생각만 해도 재밌겠지?"

"난 수영 싫어요."

"그러면 또 병원에 가야 돼. 주사 계속 맞고 싶어?"

어머니는 어린 아들의 손을 잡고 동네에 있는 수영장을 찾았습니다. 아들이 수영을 해 천식만 고친다면 더 이상 바랄 게 없었습니다.

"태환이, 이 녀석 어디 갔지?"

"선생님, 저기 기둥 뒤에 숨어 있어요."

박태환은 처음에는 수영을 무척 싫어했습니다. 선생님이 무섭고 물도 싫어 화장실이나 수영장 기둥 뒤에 숨어 있다 들키곤 했습니다. 그래서 어머니는 꾀를 내어 물속에 동전을 던져놓고 찾게 하곤 하였답니다.

그렇게 수영장에 조금씩 발을 담그고 물장구를 쳐보니 여간 재미있는 게 아니었습니다. 찰랑찰랑 하는 물이 몸을 간지럽히는 것 같았습니다. 박태환은 자신도 모르게 물속에 들어와 있었습니다.

물에 들어가는 것조차 싫어했던 박태환은 무엇인가에 이끌리듯 수영하는 재미에 푹 빠져버렸습니다.

"이제 그만 집에 가야지."

"선생님, 좀 더 있다 가면 안 돼요?"

박태환은 수영 수업 시간이 끝나도 수영을 더 하겠다고 졸라대기도 하였습니다.

"저 꼬마 누구야? 정말 잘하는데……."

"조오련을 뛰어넘는 선수가 되겠어!"

수영장 코치들은 하루가 다르게 실력이 느는 박태환을 입에 침이 마르도록 칭찬했습니다. 조오련은 '아시아의 물개'로 불린, 한국을 대표

하는 수영 선수였습니다. 1970년과 1974년에 열린 아시안 게임에서 자유형 400미터와 1500미터 부문에서 금메달을 따 국민의 사랑을 한 몸에 받은 선수지요.

그런데 어느 날 박태환이 다니는 수영장에서 연락이 왔습니다.

"어머니, 아이 데려가셔야겠어요."

아버지가 걱정하던 일이 일어났습니다. 형편이 좋지 못해 강습료를 제때 내지 못하자 수영장에서 연락이 온 것입니다.

어머니는 마치 망치로 머리를 얻어맞은 듯 아찔했습니다. 정신을 차린 어머니는 곧바로 수영장으로 달려갔습니다.

"이제 우리 아이 어떡해야 합니까."

어머니의 눈에서 눈물이 났습니다. 그렇게 수영을 좋아하는 아들이 어려운 집안 사정으로 수영을 그만두어야 한다고 생각하니 눈물이 그치질 않았습니다.

"저희도 규정이 있어서……."

수영장 코치도 어머니가 눈물을 흘리자 어쩔 줄 몰라 했지요.

"밀린 수강료는 반드시 드릴게요. 그러니 우리 아이가 좋아하는 수영을 계속 할 수 있게 좀 도와주세요."

코치는 고민을 하다가 대답했습니다.

"알겠습니다. 계속 보내도록 하세요. 어머니의 정성에 감동했습니다."

어머니 덕분에 박태환은 다음 날에도 수영장에 갈 수 있었습니다.

"엄마, 나 1등 먹었어요."

"장하구나. 우리 아들."

박태환은 일곱 살 때 처음으로 수영대회에서 금메달을 받았습니다. 바로 동네 수영장에서 열린 졸업경기였습니다. 당시 수영강습을 받던 48명의 단원 중에서 배영 부문에서 당당히 1등을 차지한 것이지요.

"이게 내가 딴 금메달이야."

"이야! 멋있는데."

박태환은 목에 금메달을 걸고 친구들에게 자랑을 했습니다.

"나중에 올림픽에 나가서 꼭 금메달을 딸 거야."

수영장 대회에서 우승을 차지한 이후 박태환은 수영의 재미에 푹 빠졌습니다. 박태환이 수영을 무척 재미있어하자 어머니도 아들을 수영 선수로 키우자고 마음을 먹었습니다.

"수영 한번 시켜볼까요?"

어머니는 아버지에게 박태환이 수영에 소질이 있다며 선수로 키우자고 했어요.

"글쎄, 아이가 힘들어 할 텐데."

아버지는 아들이 수영 선수가 되는 게 그리 내키지 않았습니다. 우리나라에서 수영은 인기가 없는 스포츠였습니다. 그때까지 올림픽에서 메달을 딴 우리나라 선수가 단 한 명도 없었으니 아버지가 처음에 반대한 것은 당연했습니다.

어머니는 박태환에게 물어보았습니다.

"수영 선수 한 번 해볼래?"

"좋아요. 잘할 수 있을 거 같아요."

박태환은 당당하게 대답했습니다.

"그렇지? 분명 우리 아들은 세계적인 선수가 될 거야!"

어머니는 아들이 누구보다 훌륭한 수영 선수가 될 수 있다고 굳게 믿고 있었습니다. 어머니는 박태환을 보면서 환하게 미소 지었습니다.

노민상 선생님을 만나다

"어디 괜찮은 수영장 없을까요?"

수영 선수로 키우기로 결심한 어머니는 동네 수영장 코치와 학부모들에게 박태환이 잘 훈련할 수 있는 수영장을 물어보고 다녔습니다.

"수영장보다는 역시 코치가 중요하지요."

"대치동에 유명한 수영클럽이 있어요."

"그곳에서 국가대표도 많이 나왔대요."

어머니는 아는 학부형의 권유로 국가대표를 많이 배출했다는 서울 대치동의 한 수영클럽을 찾아갔습니다.

"아따 고놈 똘똘하게 생겼네!"

그 수영클럽 지도부장을 맡고 있던 노민상 선생님은 박태환을 보자마자 자기도 모르게 큰 소리로 말했습니다. 수많은 수영 선수를 지도해 본 노민상 선생님은 첫눈에 박태환이 대단한 선수가 될 것이라는 느낌을 받았습니다.

"우리 아들을 수영 선수로 키워주시겠습니까?"

"제가 성심성의껏 지도해 보겠습니다."

"저는 선생님만 믿습니다."

"아드님이 총명해서 운동을 잘할 겁니다."

어머니는 노민상 선생님에게 몇 번이나 절을 하면서 아들을 부탁했습니다. 선생님도 박태환의 자질을 알아보고는 오히려 어머니에게 연신 허리 굽혀 인사를 했습니다.

"태환아! 수영복 가져왔지?"

마음이 급했던 노민상 선생님은 첫날부터 박태환을 수영장에 뛰어들게 했습니다.

그날부터 박태환은 수영 선수로서 체계적인 훈련을 받기 시작했습니다. 그 전까지는 동네 수영장에서 천식을 고치기 위해 취미로 수영을 하는 수준이었으니까요.

"녀석, 꼭 야생마 같단 말이야."

선생님은 코흘리개에 불과한 박태환을 보고 그렇게 중얼거렸습니다.

"팔 동작은 이렇게 해야지."

노민상 선생님은 직접 시범을 보이면서 어린 박태환을 가르쳤습니다. 동네 수영장에서 기초를 잘 배운 데다 타고난 재능까지 더해져 박태환의 수영 실력은 하루가 다르게 향상됐습니다.

"태환아, 네가 나의 꿈을 이루어 다오."

선생님은 틈나는 대로 어린 제자에게 자신의 꿈을 실현해달라고 부탁했습니다. 선생님도 수영 선수를 했었지만 집안 사정이 어려워 대표 선수가 되는 꿈을 버렸기 때문이었습니다.

"내가 할 수 없으면 내 제자가 하면 되지."

노민상 선생님은 주위 사람들에게 항상 이렇게 말했습니다. 노민상 선생님은 고등학교를 중퇴한 뒤 수영 강사의 길을 택했습니다. 처음에는 단순히 돈을 벌기 위해 수영 강사를 했지만 시간이 지나면서 수영 지도자로서 탁월한 능력을 보였습니다.

"당신이 수영 선수를 제대로 하긴 했어?"

"뭘 아는 게 있어야 가르치지."

주변 사람들은 제대로 선수 생활을 해본 적이 없는 선생님을 그런 말들로 비난했습니다. 그러나 선생님은 주위의 질투 어린 말에 조금도 흔들리지 않았습니다.

"마음껏 무시해라. 나는 꼭 세계적인 선수를 키우고야 말 테니까."

그럴수록 노민상 선생님의 의지는 더 단단해졌습니다. 월급을 몽땅

털어 영어로 된 외국 수영 책을 구입해 밤새도록 공부했습니다. 그렇게 남들보다 먼저 외국의 뛰어난 수영 지도법을 터득할 수 있었습니다.

"쟤, 노 선생님이 지도하는 아이지? 큰 선수가 되겠는데."

노민상 선생님과 함께 일하는 수영 코치들은 박태환이 물살을 가를 때마다 탄성을 질렀습니다.

"태환이가 워낙 타고났어요."

선생님은 주위에서 쏟아지는 칭찬에도 항상 겸손했습니다. 그래도 하루가 다르게 실력이 느는 제자를 흐뭇하게 바라보는 눈빛을 감출 수는 없었어요.

"태환이의 수영 소질은 하늘이 내린 것 같아요."

과묵한 노민상 선생님도 어머니를 만나면 박태환의 칭찬을 늘어놓기 바빴습니다. 박태환이 수영 선수의 필수조건인 유연성과 부력, 큰 폐활량을 갖추고 있다는 것을 발견했으니까요.

"제가 무용을 했고, 태환이 아빠는 색소폰을 연주했어요."

"태환이가 어머니의 유연성과 아버지의 폐활량을 물려받았군요. 하하하."

선생님은 박태환이 부모님 덕에 선천적으로 수영 재능을 타고났다며 크게 기뻐했습니다.

"아무거나 잘 먹고, 무조건 많이 먹어야 된다."

특히 노민상 선생님은 어린 제자에게 끊임없이 잘 먹으라고 말했습니다. 선생님은 어릴 때 집안이 가난해 잘 먹지 못했고, 그래서 수영 선수로서의 꿈을 이루지 못한 뼈아픈 경험을 지니고 있었어요. 그 영향을 받아서인지 박태환은 지금도 엄청난 대식가랍니다.

엄마, 아프지 말아요

"엄마 괜찮으세요?"

박태환은 어머니를 걱정스러운 눈으로 지켜보았습니다.

"내 걱정은 말고 태환이는 공부랑 수영을 열심히 해."

어머니는 창백한 얼굴로 대답하면서도 밝은 표정을 지었습니다. 자신의 몸보다 아들이 수영을 하는 데 지장이 있을까 봐 걱정됐기 때문이었습니다.

박태환이 초등학교 5학년 때부터 어머니는 기침을 할 때 피가 섞여 나왔습니다. 박태환은 어머니가 심각한 병에 걸렸다는 것을 눈치챘습니다. 얼마 지나지 않아 어머니는 유방암 진단을 받고 병원에 입원하게 됐습니다.

"엄마, 여기 약 있어요."

"네가 무슨 돈으로 이런 걸 사왔니?"

"제가 조금 벌었어요."

"어린아이가 돈 벌 곳이 어디 있니. 힘들게 뛰어다니지 말고 공부와 수영에만 집중해라."

어머니는 아들이 애처롭기도 하고 고맙기도 해 박태환이 병원을 찾아올 때마다 눈물을 멈추지 못했습니다.

박태환의 집은 형편이 어려웠습니다. 어머니마저 큰 병으로 병원에 입원하는 바람에 더 힘들어진 것이죠. 그래서 박태환은 비록 초등학생이었지만 어머니에게 약을 사다드리고 싶었습니다.

"우유 배달을 하고 싶은데요."

"어린애는 안 돼."

"집안이 어려워 제가 한 푼이라도 벌어야 돼요."

"나중에 더 크면 오너라."

우유 보급소 아저씨는 박태환의 애원을 들어주지 않았습니다. 신문 보급소도 마찬가지였습니다. 하지만 박태환은 친구들과 함께 배달을 하겠다며 친구들을 데리고 찾아갔습니다. 박태환의 정성에 감복해 마침내 우유와 신문 보급소장님도 배달을 허락했습니다.

"신문이요!"

"우유 왔습니다!"

박태환과 친구들은 학교 수업과 수영 연습 시간을 피해 열심히 우유와 신문을 배달했습니다. 새벽에 일어나 배달을 하니 돈도 벌고 체력을 기르는 효과도 있었습니다. 그래서 힘들지만 이를 악물었어요.

"태환아! 무릎이 왜 그래. 다쳤니?"

어느날 어머니는 박태환의 무릎에 상처가 있는 것을 보고 물었습니다.

"괜찮아요. 어머니."

박태환은 아무것도 아닌 척 했습니다. 사실 박태환의 무릎은 성할 날이 없었습니다. 배달을 하다가 겨울철 빙판길에 미끄러지고 힘이 부쳐 계단에서 넘어져 무릎에 피가 나기 일쑤였죠. 지금도 박태환의 무릎에는 당시의 상처가 남아 있을 정도입니다.

박태환은 그해 제주도에서 열린 〈전국소년체전〉에 출전했습니다.

"박태환 파이팅! 우리 아들 힘내라!"

박태환이 준비운동을 하며 출발 준비를 하고 있는데 어머니의 목소리가 들렸습니다. 박태환은 병원에 계신 어머니가 올 리가 없어 잘못 들었다고 생각했지만, 혹시나 싶어 고개를 들어 관중석을 쳐다보았습니다.

"아들······."

어머니는 치료를 하느라 흉하게 빠진 머리를 감추기 위해 모자를 쓰고 관중석에 앉아 손을 흔들고 있었습니다. 어머니는 아들의 대견스러운 모습에 목이 메어 더 이상 말을 잇지 못했습니다.

　어머니는 앉아 있기도 힘들었지만 아들을 응원하기 위해 제주도까지 온 것입니다. 그 모습을 본 박태환은 굳게 결심했습니다.

　"반드시 우승할 거야. 어머니를 위해서!"

　박태환은 이를 악물고 팔을 휘저었습니다.

　어머니는 아들이 힘차게 물에 뛰어들자 조용히 고개를 숙이고 두 손 모아 기도를 했습니다. 어머니의 기도 덕분인지 박태환은 가장 먼저 터치패드를 손으로 찍고 우승을 차지했습니다. 수영은 결승점에 있는 터치패드를 누가 먼저 손으로 찍느냐로 승부를 가립니다.

　"엄마, 제가 해냈어요."

　"그래, 장하다 우리 아들."

　어머니와 아들은 얼싸안고 우승의 기쁨을 함께 나누었습니다.

　박태환은 초등학교 시절 모든 대회의 우승을 거의 휩쓸다시피 했습니다. 아들이 경기에 나갈 때마다 우승한 덕분인지 어머니도 빨리 건강을 회복했습니다.

　"우리 아들 수영 선수가 되길 잘했죠?"

　"그런 것 같아. 당신이 좋아하니까 나도 좋아."

　처음에는 걱정만 하시던 아버지의 얼굴에도 어느새 환하게 웃음꽃이 피었습니다.

내 꿈은
올림픽 금메달!

"자전거 한 번 타도 돼?"

초등학교 시절, 동네 친구들 가운데서 자전거가 없는 사람은 박태환이 유일했습니다. 그래서 박태환은 친구들에게 자전거를 빌려 타곤 했습니다.

아버지는 아들이 자전거를 빌려 타는 모습을 보고 남몰래 눈물을 훔치기도 했습니다. 아들에게 자전거를 사주지 못할 정도로 형편이 어려웠으니까요.

"아들, 자전거 사왔다."

초등학교 4학년 어린이날, 아버지는 큰 맘 먹고 아들에게 자전거를 선물했습니다.

"아빠! 고마워요. 잘 탈게요."

박태환은 반짝 반짝 빛나는 자전거를 타고 온 동네를 돌아다녔어요. 마치 개선장군이라도 되는 양 몸에 잔뜩 힘을 주고 말이죠.

"내 자전거 멋있지?"

"태환아! 나도 새 자전거 한 번 태워줘, 응?"

박태환은 그날 정말 신이 나서 밤이 늦도록 친구들과 함께 자전거를 탔습니다.

"내일 또 타면 되잖니. 어서 저녁 먹어야지."

박태환은 어머니의 성화에 못 이겨 자전거를 아파트 입구에 세워두고 집으로 돌아갔습니다. 그날 밤 박태환은 꿈속에서도 자전거를 타고 놀았습니다.

그런데 다음 날이었습니다.

"엄마! 아빠! 자전거가 없어졌어요."

태환이의 자전거가 감쪽같이 사라졌습니다. 눈을 씻고 찾아봐도 어젯밤 세워둔 자리에 자전거는 없었습니다. 누가 몰래 훔쳐간 거죠.

"내 자전거 내놔!"

박태환은 정신을 놓은 채 한동안 바닥에 멍하니 앉아 고함을 질렀습니다. 너무나 큰 충격을 받아서 눈물도 나오지 않았습니다.

"나중에 다시 사줄게."

아버지는 박태환을 위로해 주었습니다.

"아빠, 죄송해요."

"아니다. 훔쳐 간 사람이 나쁘지."

박태환은 아버지가 자전거를 사준다고 약속했지만 다시는 자전거를 타지 않을 거라고 다짐했습니다. 이왕 이렇게 되었으니 자전거 타는 시간에 수영을 더 열심히 해서 부모님을 기쁘게 해드리자고 마음속으로 굳은 다짐을 한 것입니다.

박태환은 국가대표가 되기로 결심했습니다. 가슴에 태극마크를 달면 돈 걱정 없이 수영에만 전념할 수 있기 때문이었습니다.

그날 이후 박태환은 수영 연습에 더욱 매달렸습니다. 다른 선수들이 집으로 돌아가도 혼자서 열심히 물살을 갈랐습니다.

"코치님! 연습을 좀 더 하고 싶어요."

"그만해, 힘들어. 너무 많이 하면 역효과가 나는 수가 있어."

코치가 말렸지만 박태환은 듣지 않고 연습에만 전념했습니다.

"엄마, 저 반드시 국가대표가 될 거예요. 지켜봐 주세요."

박태환은 부모님에게 몇 년 안에 국가대표가 되겠다고 약속했습니다.

"장하구나. 우리 아들이 국가대표가 될 수 있도록 엄마가 힘껏 도울게."

어머니는 아들의 든든한 후원자가 되겠다고 새끼손가락을 걸었습니다. 하지만 아버지는 아직도 걱정이 되었습니다.

"태환아, 수영 말고도 다른 길이 얼마든지 있단다."

"아빠, 저를 믿어주세요. 올림픽에서 꼭 금메달을 딸 거예요."

박태환은 초등학생이었지만 생각은 어른 이상이었습니다.

아버지는 아들이 평범하게 공부를 했으면 하는 바람이 있었습니다. 운동선수를 하려면 수없이 많은 고통을 참고 견뎌야 한다는 것을 잘 알았기 때문이었습니다.

수영대회 종목과 유리한 레인

수영은 세부 종목이 아주 많은 스포츠입니다. 런던 올림픽에 걸린 금메달만 46개였죠. 수영은 경영과 다이빙, 싱크로나이즈드스위밍(싱크로), 수구 등 크게 4개 종목으로 나뉩니다.

박태환 선수가 출전하는 경영은 물속에서 누가 가장 빨리 헤엄치느냐를 가리는 종목이지요. 레인이라고 불리는 자기만의 경로를 따라서 헤엄치는데, 보통 8개 레인에서 선수들이 경쟁을 합니다.

어느 레인에서 경기하느냐도 선수들의 기록에 적지 않은 영향을 미칩니다. 선수들은 물살의 영향을 많이 받는 양쪽 끝인 1번과 8번 레인을 가장 꺼립니다. 옆 선수에 의해 발생하는 물살은 물론이고 벽에서 부딪쳐 나오는 물살의 영향까지 받기 때문이죠. 조금이라도 물의 저항을 줄여야 하는 선수들의 입장에서는 불리한 조건입니다.

예선에서 가장 좋은 기록을 낸 선수는 가장 유리한 것으로 알려진 4번 레인에서 결선을 치릅니다.

2장
실수는 있어도 실패는 없어

어리둥절
태릉선수촌 입촌

"재가 큰일 낼 것 같은 예감이 들어."

"중학생인데 기록은 성인이랑 비슷하네."

아테네 올림픽을 준비하던 김봉조 국가대표 수영팀 감독님은 코치와 함께 서울 대청중 3학년생인 박태환의 경기를 유심히 지켜보았습니다. 박태환이 계영 400미터, 혼계영 400미터, 자유형 400미터, 자유형 200미터에서 우승을 하자 잠시도 망설이지 않고 국가대표팀에 선발했습니다. 계영은 이어달리기처럼 몇 사람이 돌아가며 수영을 하는 방식이고, 혼계영은 네 명의 선수가 정해진 거리를 배영, 평영, 접영, 자유형을 돌아가면서 경기하는 방식을 말합니다.

"태환아, 축하한다."

"다 선생님 덕분이에요."

박태환은 드디어 그렇게 바라던 국가대표가 되었습니다. 박태환의 국가대표 선발 소식을 가장 먼저 전해준 사람은 노민상 선생님이었습니다.

"태환아! 이제 태릉선수촌에 들어가면 뭐든 원 없이 먹을 수 있을 거다."

"예, 선생님 뭐든 많이 먹을게요."

"그래야지. 이제 마음껏 실력을 발휘할 수 있겠구나."

스승인 노민상 선생님도 자신의 일같이 기뻐했습니다. 집안 사정이 어려운 박태환이 태릉선수촌에서 잘 먹으면 체격이 좋아질 거라 생각한 거죠.

당시 박태환의 키는 175센티미터였습니다. 중학교 입학 이후 매년 5~6센티미터씩 자라고 있었지만 세계적인 선수가 되려면 키와 몸집을 더 키워야 했습니다.

"처음 뵙겠습니다. 선배님."

"네가 박태환이냐. 잘생겼네."

"감사합니다. 열심히 하겠습니다."

박태환은 태릉선수촌에 들어가자마자 선배들에게 깍듯이 인사를 했

습니다. 중학교 3학년인 박태환은 수영대표팀뿐 아니라 태릉선수촌에서도 가장 어렸습니다. 얼굴도 잘생겨 선배들의 사랑을 한몸에 받았습니다.

"박태환! 이제부터 네 별명은 박테리아야."

선배들은 박태환이라는 이름을 장난스럽게 박테리아라고 바꿔주었습니다.

"쟤 잘생겼는데, 박테리아는 좀 안 어울리지 않아? 테리우스로 하면 어때?"

다른 선배가 테리우스라는 별명을 추천했습니다.

"감사합니다. 앞으로 테리우스로 하겠습니다."

박태환은 쑥스럽지만 재빨리 '테리우스'로 불러달라고 부탁했습니다. 최소한 박테리아보다는 나았기 때문이죠.

"야, 빨리 빨리 일어나! 훈련해야지."

"예, 선배님. 지금 나가요."

태릉선수촌의 생활은 너무나 힘들었습니다. 새벽 4시만 되면 어김없이 일어나 풀장으로 가서 2시간 가량 수영 훈련을 했습니다. 그리고 학교로 가서 오전 수업을 받고 오후에 선수촌으로 돌아와 웨이트 트레이닝과 수영 연습을 했습니다.

"태환아, 우유와 샌드위치다. 차 타고 가면서 먹어."

선배들은 막내 박태환에게 아침밥을 챙겨주기도 했습니다.

"힘들지?"

"괜찮아요. 재미있어요."

박태환은 부모님이 걱정할까 봐 선수촌 생활이 재미있다고 거짓말을 했습니다. 훈련 스케줄이 너무 빡빡해 아침밥도 제대로 못 먹고 학교에 간다고 부모님에게 말할 수는 없었으니까요.

꼬꼬마 국가대표
실격당하다

"우와! 이안 소프다."

2004년 8월, 아직 열여섯 살밖에 안 된 소년 박태환은 전 세계 운동선수들의 꿈의 무대인 아테네 올림픽에 참가하게 되었습니다. 박태환이 출전하는 자유형 400미터에는 세계적인 선수들이 즐비했습니다. 박태환이 가장 존경하는 선수인 이안 소프를 비롯해 그랜트 해켓의 이름도 보였습니다. 이안 소프와 그랜트 해켓은 모두 호주의 수영 선수들로 올림픽과 세계 대회에서 많은 금메달을 딴 선수들이었습니다.

"내가 왜 이러지."

눈앞에서 세계적인 선수를 본 터라 박태환은 좀처럼 두근거리는 가슴을 진정시킬 수 없었습니다.

"다음 조 준비하세요."

경기 안내원의 장내방송에 따라 박태환은 출발대로 천천히 걸어갔습니다.

"태환아, 긴장 풀고! 연습같이 생각하고 하면 돼!"

어디선가 국가대표 감독님의 목소리가 아련하게 들려왔습니다.

출발대에 서니 눈앞이 흐릿했습니다. 마치 짙은 안개가 낀 것 같았습

니다.

"준비!"

"풍덩!"

박태환은 출발음인 삐! 소리를 듣고 힘차게 물에 뛰어들었습니다. 그런데 물에 뛰어든 사람은 박태환 혼자였습니다. 준비 구호를 출발 신호로 착각한 것이었습니다.

"내가 왜 여기 있지?"

물속에 들어가니 정신이 번쩍 들었습니다. 수영에서는 단 한 번만 빨리 출발해도 실격이 됩니다.

"괜찮아, 괜찮아."

실격을 당해 탈의실로 들어가자 대표팀 감독님이 위로를 해주었습니다. 그러나 다른 나라 선수들이 비웃고 있는 것 같아 한동안 얼굴을 들 수가 없었습니다. 박태환은 부끄러워서 화장실로 숨었습니다.

"좋은 경험했다고 생각해."

그날 박태환은 탈의실 화장실에서 문을 잠그고 2시간이나 눈물을 흘렸습니다.

"노 선생, 태환이가 실격됐어."

아테네 올림픽 자유형 400미터 예선이 끝난 뒤 현장에 있던 방송국 해설위원이 한국에 있던 노민상 선생님에게 박태환의 실격 소식을 전해주었습니다.

"뭐라고! 어떻게 된 일이지?"

"스타트 음이 울리기도 전에 물속으로 들어가 버렸거든. 팔 한 번 저어보지 못하고 나왔어."

"허허, 안타깝네."

"태환이 아버지한테 잘 말씀드려."

노민상 선생님은 하늘이 무너지는 듯 했습니다. 박태환 집에 나쁜 소식을 전하자니 막막했습니다. 그래도 용기를 내 박태환 아버지에게 전화를 했습니다.

"태환이 아버님, 잠시 뵙죠."

"예, 선생님 무슨 하실 말씀이라도."

노민상 선생님과 아버지는 포장마차에서 만났습니다. 선생님은 한동안 아무 말도 하지 않았습니다. 선생님의 표정을 살피던 아버지가 먼저 말문을 열었습니다.

"선생님, 아무리 텔레비전 중계를 봐도 태환이 소식이 나오지 않아요. 별일 없는 거죠?"

"……."

"나쁜 소식이라도 좋으니 속 시원하게 말씀해 주시죠."

"사실 태환이가 실격됐어요."

"예! 왜요?"

"부정 출발을 했어요."

"……어쩔 수 없죠. 다음에 또 기회가 오겠죠."

선생님과 아버지는 말없이 밤새도록 포장마차에서 이야기를 나누었습다.

"야, 그만 울어! 다음에는 이런 실수를 하지 않으면 되지."

"제가 다시 올림픽에 나올 수 있을까요? 선배님."

"너는 앞으로 이안 소프를 능가하는 선수가 될 거야."

선배들은 첫 올림픽 무대에서 실격을 당한 열여섯 살 막내 선수를 다독거리느라 진땀을 흘렸습니다. 박태환의 울음은 숙소에서도 멈추지 않았습니다.

나는 다시
일어날 거야

"수영은 포기할 거냐?"

"아직 마음의 준비가 안 됐어요."

"한 번 실수는 약이 되는 거야."

"……."

"대회는 앞으로도 많아. 수영장에서 기다리마. 당장 나와!"

노민상 선생님이 호통을 치자 박태환은 풀죽은 목소리로 대답했습니다.

"예, 선생님."

아테네 올림픽 실격 이후 집에만 있던 박태환은 노민상 선생님의 전화를 받고 정신을 차렸습니다. 선생님 말씀대로 실수를 약으로 만들려면 열심히 운동해서 좋은 성적을 내는 수밖에 없다는 생각이 들었어요.

마음을 바꾸자 갑작스럽게 힘이 솟았습니다. 박태환은 조립하던 장난감을 던져버리고 방문을 박차고 나왔습니다.

"엄마, 저 수영장 갈 거예요."

"정말이니? 그래, 새로 시작하는 거야."

어머니는 생각보다 빨리 실수를 툴툴 털어버린 어린 아들이 자랑스러웠습니다. 그래서 정성스럽게 아들의 훈련 용품을 챙겨주었습니다.

"첫날부터 무리하면 안 된다."

"걱정 마세요. 선생님이 알아서 하실 거예요."

박태환의 예상대로 노민상 선생님은 이미 훈련프로그램을 짜 놓고 박태환을 기다리고 있었습니다.

"안녕하세요. 선생님."

"태환아! 새로 시작하자."

선생님은 박태환의 등을 쓰다듬으며 따뜻하게 격려를 했습니다. 그동안 제자가 마음고생을 많이 했다고 생각했기 때문에 꾸중은 한마디도 하지 않았어요.

"이리 와서 턱걸이 해봐!"

"그동안 놀아서 몇 개 못할 것 같은데요."

선생님은 수영장에 로프를 걸어놓고 태환이에게 턱걸이를 하라고 말

했습니다.

"하나, 둘, 셋, 넷."

"더 이상은 도저히 안 되겠어요."

박태환은 못하겠다고 말했지만 선생님은 멈추지 않고 불호령을 내렸습니다. 박태환은 선생님의 구령에 맞춰 턱걸이 20개를 해냈죠.

"됐어. 내일 새벽부터 곧바로 훈련이야."

박태환은 다음 날 새벽 4시에 일어나 졸음을 참으면서 수영장에 도착했습니다. 스트레칭으로 몸을 푼 뒤 본격적인 자유형 훈련을 시작했습니다.

"오늘은 1만 5000미터 훈련이다."

"선생님, 너무하세요."

박태환은 겉으로는 불만스럽게 말했지만 즐겁게 훈련을 했습니다. 11월에 있을 대회에서 멋진 성적을 거두려면 지금의 훈련이 중요했기 때문이었어요.

"웨이트 트레이닝 하러 가자. 달리기도 해야지."

선생님의 주문은 끝없이 이어졌습니다. 훈련은 오후 8시까지 이어졌습니다.

"다른 선수들은 어떻게 출발하는지 잘 봐."

노민상 선생님은 유명 선수들의 경기 장면을 녹화한 비디오 테이프를 가져와서 박태환과 같이 연구했어요.

"소프와 해켓 선수는 확실히 스타트 반응이 다르네요."

"이번에는 선수들이 하는 스트로크를 잘 봐."

훈련은 늦은 밤까지 계속됐습니다. 자신의 실수를 다시 보는 것은 괴로웠지만 선생님과 박태환은 아테네 올림픽 실격 장면이 담긴 비디오를 보면서 상대 선수를 분석했습니다. 출발 실수를 반복하지 않기 위해 수만 번 비디오를 보고 연습을 거듭했습니다.

태릉선수촌에는 누가 있을까

태릉선수촌은 국가대표 선수들이 훈련을 하는 곳입니다. 국가대표로 선발되면 태릉선수촌에 들어갈 수 있습니다. 태릉선수촌은 1년 365일 운영되고 각 종목 선수들은 연간 210일 동안 훈련할 수 있습니다. 보통 태릉선수촌에서는 44개 종목, 1450여 명의 선수들이 구슬땀을 쏟고 있습니다.

태릉선수촌은 1966년 6월 국가대표 선수들의 경기력 향상을 위해 문을 열었습니다. 서울 노원구 공릉동에 9만 9000제곱미터 규모로 조성된 선수촌에는 400명을 동시에 수용할 수 있는 합숙소와 식당은 물론 체력을 키우는 트레이닝 시설, 육상 경기장, 실내외 각종 구기장, 국제 규모의 실내 수영장 및 아이스 링크(옥외) 등의 훈련 시설을 갖추고 있습니다.

이 밖에 국가대표 선수들의 고지대 훈련을 위한 태백선수촌과 2011년 완공한 진천훈련장도 운영되고 있습니다.

진천훈련장에는 최신식 수영장과 사격장 등을 갖추고 있어 런던 올림픽에서 우리 선수들이 좋은 성적을 거두는 데 중요한 역할을 했습니다.

3장
나는야 신기록 제조기

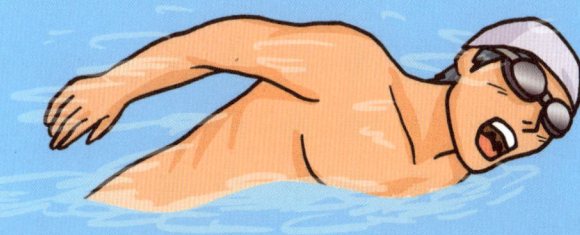

6개의 한국 신기록을 세운 신동

"단거리는 포기하고 중장거리에 집중하자."

"어떤 종목이 좋을까요?"

"400미터를 주 종목으로 하는 게 어때? 너는 지구력이 뛰어나잖아."

박태환은 세계적인 무대에 도전하기 위해서 주 종목을 정하기로 했습니다. 단거리인 50미터나 100미터 경기보다는 박태환이 장점을 가지고 있는 400미터에 집중하기로 했습니다.

"50미터 남았어. 좀 더 스피드를 올려!"

박태환은 선생님의 쩌렁쩌렁한 고함소리를 들으며 자유형 400미터 훈련에 매달렸습니다. 훈련의 성과가 나오는 데는 그리 오랜 시간이 걸리지 않았습니다.

박태환은 그해 3월 제주에서 열린 〈동아수영대회〉 남고부(남자고등부) 자유형 400미터 부문에 출전했습니다.

"저 선수 누구야? 종전 기록을 3초 18이나 단축했어."

"경기고 1학년 박태환이야."

"올림픽 메달도 거뜬하겠는데."

"막판 스피드와 지구력이 예술이야."

박태환이 남고부 자유형 400미터에서 3분 50초 37로 한국 신기록을 세우자 장내가 술렁였습니다.

"선생님, 저 한국 신기록 세웠어요."

"아시아 기록과 불과 2초 차이야. 희망이 보인다."

박태환은 한국 신기록을 세운 뒤 노민상 선생님에게 제일 먼저 알렸습니다. 선생님도 제자가 대견스러웠습니다.

박태환의 훈련 성과는 계속 나타났습니다. 그해 10월 울산에서 열린 〈전국체육대회〉에서 4개의 금메달을 차지했습니다.

"또 박태환이야."

"어떻게 한 해에 한국 신기록을 두 번씩이나 세워?"

"이제 우리나라에서 자유형 400미터는 태환이를 따라갈 선수가 없어."

그날 경기장에 있던 다른 학교 감독님들은 자기 선수보다 박태환의 기록에 더 관심을 보였습니다. 박태환은 400미터에서 3분 50초 16으로 자신의 기록을 0.21초 앞당겨 한국 신기록을 갈아치웠습니다. 대회 최우수선수(MVP)도 당연히 박태환 차지였습니다.

"MVP로 뽑힌 소감을 말해 주세요."

박태환은 많은 기자들 앞에 서려니 긴장이 됐습니다. 수줍음을 잘 타는 성격에다 말주변이 없는 편이었기 때문입니다.

하지만 박태환은 평소와 달리 자신감 넘치는 어투로 대답했습니다. 이렇게 자신 있게 말할 거라고는 아무도 생각하지 않았습니다.

"혼계영 400미터에서 다섯 번째 금메달을 놓쳐 무척 아깝습니다."

"400미터에서 국내 최고가 됐는데 앞으로 목표는 뭐죠?"

"내년 아시안 게임에서 자유형 400미터 아시아 신기록 보유자인 일본의 마쓰다 다케시와 금메달을 다투고 싶어요."

"잘생긴 데다 말도 잘하는데."

기자들은 즉석에서 박태환에게 '수영 황태자'라는 별명을 붙여주었습니다.

박태환의 스승인 노민상 선생님도 기자들의 질문을 피해갈 수 없었습니다.

"박태환이 올해에만 한국 신기록을 여섯 개나 작성한 특별한 비결이 있나요?"

"성실하게 훈련한 덕분이죠."

"아시안 게임 금메달이 가능할까요?"

"아직 우물 안 개구리입니다."

박태환이 한 해에 한국 신기록을 여섯 개나 세웠지만 스승인 노민상 선생님은 제자가 세계적인 선수가 되기에는 아직 많이 부족하다고 생각하고 있었습니다.

MVP는 즐거워

"초반에 장린과 너무 떨어지면 안 되겠죠?"

"그럼. 100미터 턴 할 때까지는 비슷하게 가야 해."

"장린이 초반에 스피드가 너무 좋아서 걱정이 돼요."

"스타트만 좋으면 괜찮아. 150미터에서 추월하는 거야."

2006년 12월 4일, 카타르의 수도 도하에서 열린 아시안 게임. 노민상 선생님과 박태환은 자유형 200미터 결선을 앞두고 라이벌 장린을 이기기 위해 작전을 짰어요. 지구력이 좋은 박태환이 막판에 역전하는 전략을 세운 거죠.

사실 중국의 장린과 박태환은 묘한 인연이 있었습니다. 박태환이 처음 올림픽에 출전해서 부정 출발로 떨어진 때였습니다. 박태환은 400미

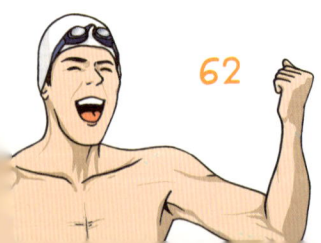

터에서 실격한 후 탈의실에서 한 선수와 우연히 눈이 마주쳤습니다. 그 선수는 박태환을 보고 픽 하고 웃었습니다. 박태환의 눈에는 마치 '바보 같은 놈'이라고 비웃는 것 같았죠.

"저 선수 누구예요?"

"장린이야, 너하고 같은 예선 3조 4번 레인에서 뛰었지."

"아! 중국 선수 장린요."

박태환은 장린의 이름은 알고 있었지만 얼굴은 잘 몰랐습니다. 박태환은 애써 불쾌한 마음을 감추고 마음을 다독였습니다.

그런데 장린이 박태환을 바라보면서 자기 나라 스태프들과 무슨 이야기를 하고 있는 게 보였습니다. 중국말이라 알아듣지 못했지만 기분이 나빴던 박태환에게는 자신을 욕하는 것처럼 들렸습니다.

"내가 다른 선수는 못 이겨도 너는 꼭 이긴다."

박태환은 무슨 일이 있더라도 장린은 꺾겠다고 마음속으로 다짐을 했습니다. 그 장린 선수를 아시안 게임에서 다시 만났습니다.

"긴장 풀고, 자신 있게!"

박태환은 헤드폰으로 우리나라 가요를 들으며 천천히 출발대로 걸어갔습니다. 예선에서 1위를 한 박태환은 가장 좋은 4레인을 배정받았습니다. 양 옆 레인에는 예선에서 2위와 3위를 차지한 호소카와와 장린이 있었습니다.

"좋아! 됐어!"

노민상 선생님은 박태환의 출발 반응속도가 0.67초로 나오자 뛸 듯이 기뻐했습니다. 아테네 올림픽 때 출발 실수로 탈락했던 박태환은 연습을 통해 아픔을 딛고 누구보다 빠르게 출발을 할 수 있게 되었습니다. 실수에 주눅 들지 않고 노력으로 극복한 것이죠.

"이제 좀 더 속도를 내볼까."

50미터를 3위로 돈 박태환은 100미터 지점에서 속도를 내기 시작했습니다. 수영장은 길이가 50미터이기 때문에 200미터 경기를 하려면 4번을 왕복해야 했습니다. 박태환은 호소카와를 제치고 장린에 이어 2위로 나섰습니다.

"박태환, 파이팅!"

멀리 관중석에서 어머니, 아버지, 누나의 목소리가 아득하게 들리는 것 같았습니다.

"자, 이제부터야."

박태환은 힘차게 팔을 휘둘렀습니다. 마침내 150미터 지점에서 장린을 따돌리고 1위로 나섰습니다.

"그래 좋아. 조금만 더, 마지막까지!"

박태환은 노민상 선생님의 외침을 들으며 힘차게 터치패드를 찍었습니다.

"내가 아시아 신기록을 세웠어!"

박태환은 전광판에 쓰인 '1분 47초 51, 아시아 신기록'이라는 글자를 보며 주먹을 불끈 쥐었습니다. 박태환은 그해 8월 〈범태평양국제수영대회〉에서 자신이 세운 아시아 신기록을 다시 0.39초 단축했습니다.

"동해물과 백두산이……."

박태환은 시상대에서 금메달을 목에 걸고 울려 퍼지는 애국가를 따라 불렀습니다.

박태환은 시상식 후 은메달을 딴 장린과 나란히 언론 인터뷰를 했습니다.

"아시안 게임에서 금메달을 딴 기분은요?"

"아시안 게임 첫 출전인데 금메달과 아시아 신기록을 세워 기쁨이 두 배입니다."

"남은 종목에서 금메달 몇 개를 딸 자신이 있어요?"

"목표는 금메달 세 개 이상입니다. 앞으로 200미터는 세계신기록을 달성하고 싶어요."

박태환은 비록 고등학생이었지만 수많은 아시아 각국 기자들 앞에서 전혀 주눅 들지 않고 또박또박한 말투로 기자회견을 했습니다.

"박태환의 장점은 무엇이라 생각합니까?"

기자들은 라이벌인 장린에게도 질문을 던졌습니다.

"그는 나보다 어리고 킥이 정확합니다."

"다른 종목에서도 경쟁을 해야 하는데 이길 자신이 있나요?"

"실력은 태환이와 큰 차이가 없습니다."

장린은 기자들의 질문에 기분이 상했는지 라이벌 의식을 드러내는 말을 했습니다.

며칠 뒤 새벽, 우리 국민들은 새벽잠을 설치며 박태환의 자유형 1500미터 경기 장면을 지켜보고 있었습니다.

"박태환 선수가 이번에도 금메달을 따겠죠."

"물론이죠. 지금 컨디션이 좋아요. 오늘 3관왕을 꼭 달성할 겁니다."

텔레비전에서 아나운서와 해설자가 서로 말을 주고받으며 박태환의 금메달을 기원했습니다.

경기가 끝나자 아나운서가 외쳤습니다.

"또 아시아 신기록을 세웠습니다. 박태환 선수 정말 대단합니다."

카타르에서 박태환이 들려준 또 하나의 아시아 신기록 소식에 대한민국은 온통 흥분에 휩싸였습니다. 그날 박태환은 예선 3위로 결선에 올라 또다시 라이벌인 장린을 누르고 자유형 1500미터에서 우승(14분 55초 03)을 했습니다.

"박태환은 세계 정상을 노크할 만한 실력을 갖췄다."

우리나라뿐만 아니라 세계 언론도 박태환이 1500미터 경기에서 15분 안에 들어온 것을 칭찬하며 베이징 올림픽에서 메달을 딸 것이라고 예상했습니다.

박태환은 2006년 아시안 게임에서 금메달 3개, 은메달 1개, 동메달 2개로 총 7개의 메달을 따 아시안 게임 최우수 선수가 되는 영광을 누렸습니다.

나만의
수영을 할 거야

어느 날이었습니다. 박태환이 노민상 선생님을 찾아와서 말했습니다.

"선생님 죄송합니다."

"왜 무슨 일이 있는 거냐?"

박태환은 우물쭈물하면서 머리만 만졌습니다.

"이제 개인훈련에 전념하겠습니다."

"여기를 나간다고?"

"태릉선수촌은 마치 수용소 같아서 훈련을 못하겠어요."

"지금 나가면 어떡하려고. 수영연맹하고 상의를 해보겠다."

노민상 선생님은 10년이나 가르친 제자 박태환이 왜 자신을 떠나려

고 하는지 잘 알고 있었습니다. 박태환 전담팀이 탄생한 것이죠.

사실 박태환은 아시안 게임이 끝난 후부터 조금 더 전문적으로 수영을 배우고 싶었습니다. 외국의 유명한 선수들은 전문팀이 쫓아다니며 모든 것을 관리해주는데 그동안 박태환은 그런 관리까지는 받지 못했습니다. 선수촌에서 운동하는 데는 나름의 한계가 있었던 거죠.

이번에는 아버지가 나섰습니다. 처음에 수영을 반대했던 아버지도 아들의 꿈을 위해서 팔을 걷어붙였습니다. 전담팀을 만들기 위해 사람을 모으고 비용을 마련하기 위한 협찬을 받았습니다.

박태환은 자신을 위해 도움을 준 분들에게 꼭 은혜를 갚고 싶었습니다.

마침내 자신의 훈련을 전담할 팀과 계약을 했고, 개인훈련을 위해 태릉선수촌을 나갔습니다. 결국 10여 년을 함께하고 이제 국가대표팀 감독이 된 노민상 선생님과 떨어져 더 높은 도약을 위해 홀로 서기를 시작한 거죠.

박태환 전담팀은 대단했어요. 일정을 챙기는 매니저에 마사지사와 영양사까지 있었습니다. 조건이 열악한 국가대표 수영팀과는 비교가 되지 않았습니다.

그해 3월 박태환은 호주 멜버른에서 열린 〈세계수영선수권대회〉에

출전했습니다.

"안녕하세요?"

탈의실에서 그랜트 해켓을 만난 박태환은 반갑게 인사를 했습니다. 해켓은 이언 소프와 더불어 자유형 부문에서 세계 최고의 선수였습니다. 호주에서는 영웅이었죠.

해켓과 경기를 한다고 생각하니 박태환의 가슴이 두근거렸습니다.

박태환이 자유형 400미터에서 그랜트 해켓을 제치고 금메달을 따자 호주 관중들이 웅성이기 시작했습니다.

"이름 없는 동양 선수가 해켓을 이겼어."

"3분 44초 30, 아시아 신기록."

전광판에는 박태환의 기록이 선명하게 새겨졌습니다. 아시아 선수로는 최초로 〈세계선수권대회〉에서 우승을 하는 순간이었습니다. 박태환의 아버지와 어머니는 이때가 가장 기뻤던 순간이라고 지금도 기억하고 있습니다.

"태환! 잘했어."

"감사합니다."

경기 후 해켓은 박태환에게 최고라며 엄지손가락을 펼쳐 보였습니다.

그날 우리나라 텔레비전에서는 박태환이 20미터 지점에서 해켓을 제치고 1등을 하는 장면을 하루 종일 방송했습니다.

올림픽 훈련, 대위기에 빠지다

"어떻게 하죠?"

박태환의 올림픽 메달 도전에 빨간불이 켜졌습니다. 그동안 호흡을 맞춰왔던 전담팀에 문제가 생겨서 같이 훈련을 못하게 되었어요.

'어차피 수영은 0.01초를 줄이려는 나 혼자만의 싸움이야. 훈련한 대로만 꾸준히 하면 성과가 나올 거야.'

박태환은 수영을 자신만의 싸움이라고 생각했어요. 그래서 선배랑 같이 훈련을 했지요.

"태환아 기록이 안 나오는데?"

"이상하네."

이상하게도 똑같이 훈련을 하는데도 전담팀이나 챙겨주던 감독님이

없으니까 기록이 나오지 않았어요. 박태환은 그동안 주변에서 자신을 보살펴주던 사람들에 대한 고마움을 다시 한 번 느꼈습니다.

올림픽을 위해서는 연습을 해야 했습니다. 다른 사람들이 도와주었지만 훈련 방식이 달라서 크게 성과가 없었습니다.

박태환은 국가대표 감독이 된 노민상 선생님에게 부탁을 하기로 했습니다. 홀로 서기를 위해 헤어졌던 사이라 조금 서먹했지만 자신을 가장 잘 아는 분이라 생각했습니다.

박태환은 혼자서 훈련을 알아서 하려니 체력이 점점 떨어지는 걸 느꼈습니다.

박태환은 노민상 선생님에게 전화를 걸었습니다.

"선생님, 죄송합니다. 같이 훈련을 하고 싶습니다."

"왜 마음이 변했니? 훌륭한 코치들에게 배우고 있다며."

박태환은 그간의 사정을 이야기했습니다. 올림픽을 앞두고 혼자서는 감당하기 힘든 일이었습니다.

"지금 같아선 베이징 올림픽에서 메달을 딸 수가 없겠어요."

"다른 코치로 바꿔보지."

"제 스타일을 잘 아시는 분과 같이 훈련하고 싶어요."

"그게 누군데."

"선생님이요."

노민상 감독님이 이끄는 국가대표팀은 말레이시아에서 전지훈련을 하고 있었습니다. 전지훈련을 위해 말레이시아에 있었던 선생님은 박태환이 도착했다는 소식을 듣고 직접 차를 몰고 쿠알라룸푸르 공항에 나갔습니다.

"……."

두 사람은 숙소까지 가는 동안 아무 말도 하지 않았습니다. 말을 하지 않아도 서로의 마음을 너무나 잘 알고 있었기 때문이지요.

"편하게 자고 내일 보자."

숙소에 도착한 선생님은 풀이 죽어 있는 박태환에게 따뜻한 말을 건넸습니다.

"빨리 훈련해야지."

다음 날 노민상 선생님은 새벽같이 박태환을 깨웠습니다. 자기 방식의 지옥 훈련을 하겠다는 신호나 다름없었습니다.

"너에게 내 운명을 걸었다."

"선생님이 시키시는 대로 할게요."

"스타 의식을 버리고 자세를 낮추어라."

"그동안 많이 반성했습니다."

"아무 말 하지 말고 훈련만 열심히 하면 반드시 좋은 결과가 나온다."

그날부터 다시 노민상 선생님 방식의 훈련이 시작됐습니다.

체력 끌어올리기 대작전

"지금부터 술을 먹지 않기로 했다."

"그럼 저는 열심히 몸을 만들겠습니다."

노민상 선생님은 식사를 하시다가 간혹 반주를 한 잔씩 하셨는데, 박태환은 술냄새를 싫어했습니다. 그래서 선생님은 박태환의 훈련을 위해 금주를 하기로 결심했습니다.

"선생님 제 몸이 아직 안 됐어요."

"뭐야, 이 정도 훈련에."

"너무 힘들어요."

"큰일이네. 큰일이야."

선생님이 보기에 박태환은 체력과 유연성이 예전보다 많이 떨어져 있었습니다.

"그래 처음부터 다시 시작하는 기분으로 하자."

선생님은 걱정이 되긴 했지만 박태환을 처음 만났을 때의 마음으로 돌아가기로 했습니다. 처음 만났을 때의 설레던 기분을 떠올리며 박태환의 체력을 끌어올릴 계획을 짜기로 했습니다.

"송 박사님. 좀 도와주셔야겠습니다."

노민상 선생님은 박태환을 훈련시키기 위해 한국 체육과학 교육원 송홍선 박사님과 며칠 밤을 세워 훈련 계획을 짰습니다. 그 결과 박태환의 베이징 올림픽 금메달 따기 계획이 만들어졌습니다.

"자! 일주일 훈련할 분량이다."

박태환은 선생님이 준 훈련계획표를 보고 깜짝 놀랐습니다.

"하루에 어떻게 1만 미터를 수영하죠?"

"일주일에 이틀은 오전 훈련이 없잖아."

박태환은 선생님을 믿고 훈련을 하기로 했습니다.

박태환은 선생님과 훈련한 지 20여 일 만에 〈한라배수영대회〉에 출전했습니다. 그런데 지구력이 크게 떨어지는 모습을 보이며 자신의 기록에 훨씬 못 미치는 성적을 냈습니다.

그러자 여기저기서 노민상 선생님을 비난하는 말들이 쏟아졌습니다.

"그러면 그렇지. 훈련 잘하는 애를 흔들어 놓더니……."

언론도 앞 다투어 성급하게 안 좋은 말을 하기 시작했습니다.

"박태환 올림픽 메달 빨간불!"

노민상 선생님은 기분이 나빴습니다.

"정말 너무들 하네. 다시 시작한 지 한 달도 지나지 않았는데."

"선생님 걱정 마세요. 조금 지나면 예전의 체력을 회복할 수 있을 거 같아요."

박태환은 주위의 비난에 힘들어하는 선생님을 위로했습니다.

박태환은 다음 달인 4월, 〈동아수영대회〉에서 자신의 본래 모습을 되찾았습니다. 자유형 200미터와 400미터에서 연달아 아시아 신기록을 세운 것이죠.

"나를 돌아보는 시간이었습니다. 그동안 자주 표현하지 못했지만 정말 감사합니다."

그날 저녁 박태환은 자신의 홈페이지를 통해 노민상 선생님에게 감사의 말을 전했습니다.

"선생님, 며칠만 쉬면 안 돼요?"

"지금이 중요한 시기인데……."

"쉬어야 힘이 날 것 같아요."

"그럼 3일간 휴가를 주겠다."

완강하던 노민상 선생님도 제자의 애교에 못 이겨 외박을 허락하고 말았습니다. 박태환은 뛸 듯이 기뻐했지만 선생님은 후회했습니다. 며칠 뒤 외박에서 돌아온 박태환의 몸이 무거워 보였기 때문이었습니다.

"아니야, 태환아. 왼손이 그게 아니잖아."

"갑자기 마음먹은 대로 되지 않아요."

"이렇게 좀 더 밖으로 빼야지. 왼손 신경 써!"

"좀 쉬다 하죠."

"이놈아! 그동안 쉬었으면 됐지, 또 쉬려고."

선생님은 연신 고함을 지르며 박태환의 훈련을 독려했습니다.

"이번이 사실상 너와는 첫 번째 올림픽이야."

"2004년에 출전할 때도 절 지도해주셨잖아요."

"그땐 함께 가지 않았잖아. 내가 너를 잘 키워서 대표팀에 들여보내기만 했지."

"금메달로 보답할게요."

"믿어보마."

노민상 선생님과 박태환은 베이징 올림픽 금메달을 향해 뼈를 깎는 고통을 감수하며 훈련에 훈련을 거듭했습니다.

"하루 훈련을 게을리하면 0.1초씩 늦어진다는 걸 명심해라."

박태환은 선생님의 성화를 들으며 몸이 부풀어 오르는 것도 모른 채

묵묵히 물살을 갈랐습니다.

"내일 하루 쉴까?"

"안 돼요. 올림픽이 며칠 안 남았다고요."

이제는 오히려 박태환이 쉬는 걸 거부했습니다.

"허허. 이제 금메달이 조금씩 보이기 시작하네."

노민상 선생님은 악착같이 훈련에 매달리는 제자를 흐뭇한 표정으로 바라보았습니다.

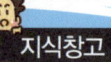

수영 선수들은 왜 다들 키가 클까

 세계적인 수영 선수들은 대부분 키가 큽니다.

마이클 펠프스는 193센티미터, 쑨양은 190센티미터가 넘는 장신이죠. 프랑스 수영의 희망으로 떠오른 야닉 아넬의 신장은 202센티미터나 됩니다.

세계적인 수영 선수로 명성을 떨치던 이언 소프는 195센티미터, 그랜트 해켓은 198센티미터였습니다.

하지만 박태환은 183센티미터의 키로 올림픽에서 우승했으니 정말 대단한 일을 해낸 거죠.

기본적으로 수영은 키가 크고 팔 다리가 길면 유리한 종목입니다. 물속에서 더 강한 추진력을 낼 수 있기 때문입니다. 장신 선수들은 유리한 신체조건을 이용해 스트로크(손으로 물을 긁는 것) 횟수를 줄이면서 효과적으로 경기를 이끌어 갈 수 있습니다.

여기에 발이 크면 더 많은 추진력을 얻을 수 있습니다. 실제 펠프스와 쑨

양의 발 크기는 350밀리미터로 박태환(290밀리미터)보다 60밀리미터 이상 큽니다. 수영 선수들은 물속에서 반복해서 수영 훈련을 하고 웨이트 트레이닝을 하기 때문에 키가 잘 큰다고 합니다.

4장
최고의 순간부터 최악의 순간까지

두근두근
베이징 올림픽

박태환이 베이징 서우두 공항에 도착하자 수많은 기자들이 그를 둘러쌌습니다. 베이징 올림픽에서 동양 선수 최초로 금메달을 딸 가능성이 있었으니까요.

"컨디션은 괜찮나요?"

"해켓 등 세계적인 선수를 물리칠 수 있을까요?"

노민상 감독님의 부탁에도 불구하고 기자들은 선수촌 숙소에 들어갈 때까지 박태환에게 질문 공세를 퍼부었습니다.

감독님은 박태환을 재빨리 이끌었습니다.

"빨리 가자."

"어디를요?"

"어디는 어디야. 적응 훈련해야지."

감독님은 도착한 날 오후 박태환을 수영 경기장으로 데리고 갔습니다.

박태환은 감독님의 지시에 따라 수영을 했습니다. 그런데 감독님이 갑자기 외쳤습니다.

"태환아. 천천히. 천천히!"

이상한 일이었습니다. 보통은 빨리 가라고 해야 하는데 그날따라 감독님은 천천히 가라며 박태환을 늦추었습니다. 알고 보니 누군가가 박태환의 기록을 훔쳐보며 스톱워치로 시간을 재고 있었습니다. 감독님은 전략을 들킬까 봐 천천히 가라고 한 것입니다.

스톱워치로 박태환의 기록을 재고 있었던 사람은 바로 장린의 전담 코치였습니다. 그는 박태환이 훈련한다는 소식을 듣고 염탐하러 온 것이었어요.

"오늘 훈련해보니 감이 좋아요."

박태환은 가슴이 벅차올랐습니다. 세계적인 선수들과 경쟁해야 하지만 경기 당일까지 컨디션만 잘 유지하면 금메달을 딸 자신이 있었기 때문이었습니다.

"됐어!"

노민상 감독님의 환호에 박태환은 어리둥절한 표정을 지었습니다.

10년 가까이 같이 훈련했어도 감독님이 그처럼 기뻐한 날은 처음이었습니다.

"펠프스가 400미터 경기에 출전하는 것을 포기했다는군."

펠프스는 아테네 올림픽에서 금메달을 6개나 차지한 대단한 선수였습니다. 경쟁자가 한 명 줄어들었으니 금메달을 딸 가능성이 더 커졌습니다.

"왜요?"

"내 생각에는 펠프스가 단거리에 치중할 거 같아."

"혹시 해켓도 안 나오나요?"

"이놈아, 지금 농담할 때냐."

감독님은 조금 전과 달리 진지한 표정을 지었습니다.

"미국 선발전에서 젠슨이 1등을 했는데 너보다 기록이 좋아."

"얼마나요."

"0.06초. 너와 차이는 거의 없지만 젠슨이 상승세라 걱정이야."

그때까지 박태환의 400미터 기록은 3분 43초 59였어요. 남자 자유형 400미터 세계 신기록은 이언 소프가 2002년에 세운 3분 40초 08이었습니다. 그런데 이언 소프가 2007년 은퇴했기 때문에 3분 42초 안에만 들어와도 금메달을 차지할 가능성이 높았습니다.

기록 경쟁뿐만이 아니라 신경전도 대단했습니다.

"안녕하세요, 코치님."

"태환이 반가워."

박태환은 호주 대표팀 쇼 코치에게 반갑게 인사하며 악수했습니다. 쇼 코치는 박태환이 올해 초 전지훈련을 할 때 지도를 맡았던 외국인 코치였습니다.

"태환이 어때요?"

"올 초와 비교하면 빠르고 많이 좋아진 것 같아요."

노민상 감독님과 쇼 코치는 사이좋게 이야기를 나누는 것같이 보였습니다. 하지만 속으로는 주력 선수인 박태환과 해켓의 전력을 감추려고 애를 썼습니다. 아마도 속으로는 이렇게 말하고 있었을 것입니다.

'우리 해켓이 좀 느려져서 걱정인걸, 태환이는 어디 안 아픈가?'

'태환이 컨디션이 너무 좋아서 걱정이야. 힘이 좋아서 중간에 따라잡을 작전이지.'

해켓 선수도 마찬가지였습니다. 해켓 선수의 기자회견장에서 한 기자가 물어보았습니다.

"박태환 선수는 400미터 우승을 자신하고 있는데요."

"그렇습니까? 어떻게 될지는 지켜보죠."

"자신이 있다는 말입니까?"

"누가 기뻐서 소리칠지는 두고 보세요."

해켓은 기자회견에서 박태환을 누르고 우승할 것이라는 다짐을 했습니다.

박태환은 수영 경기장인 워터큐브에서 훈련한 지 3일 만에 처음으로 해켓을 만났습니다.

"해켓, 오랜만이네요."

"……."

박태환이 손을 들어 반갑게 인사를 했는데 해켓은 못 들은 척하며 그냥 지나갔습니다. 해켓은 국제대회에서 박태환이 두 번이나 400미터 부문에서 자신을 이기자 엄지손가락을 치켜세우면 최고라고 칭찬을 한 적도 있었는데, 이제 올림픽 메달이 걸린 만큼 잔뜩 긴장한 것이죠.

그날 해켓은 훈련도 대충대충 했습니다. 박태환은 5번 레인에서 천천히 수영을 하며 기록을 점검하고 있었습니다. 하지만 해켓은 수영장 뒤쪽에서 계속 몸 풀기만 했어요.

"신경 쓰지 마."

"예, 감독님. 해켓이 저를 보니 긴장이 많이 되나 봐요. 헤헤."

감독님은 경기를 앞두고 박태환이 예민한 반응을 보일까 봐 무척 신경을 많이 썼습니다. 하지만 태환이는 농담을 할 만큼 여유가 있었습니다.

내가 해냈어!

"선생님, 동양인이 수영에서 동메달만 따도 잘하는 거죠?"

"그만하면 진짜 잘하는 거지."

박태환은 400미터 예선을 하루 앞둔 날 밤 노민상 감독님 방을 찾아갔습니다. 감독님과 이야기를 하면 마음이 편해져 잠이 잘 올 것 같은 생각이 들어서였죠.

"이제 가서 잘게요. 안녕히 주무세요."

"태환아! 나는 너를 믿어."

감독님은 자기 방으로 가는 박태환의 뒷머리를 향해 또렷하게 말했습니다.

"예선에서 너무 힘 뺄 필요 없어."

감독님은 400미터 예선에 앞서 박태환에게 결선에 대비해 힘을 아낄 것을 주문했습니다.

"3등 안에 들어오면 되겠죠?"

박태환은 결선에서 좋은 레인을 배정받기 위해 최소한 3위는 할 것이라고 다짐하고 예선전에 출전했습니다. 박태환은 작전대로 3번 레인에서 결승을 치를 수 있게 되었습니다.

"잘했어. 3번 레인이야."

"장린이 5번 레인이라 약간 신경 쓰여요."

"괜찮아, 해켓에 맞추면 돼."

감독님과 박태환은 다음 날 결선에 대비해 머리를 맞대고 작전을 짰습니다. 2번 레인에 해켓, 3번 레인에 박태환, 4번 레인에 젠슨, 5번 레인이 장린이었습니다. 해켓과 젠슨은 바로 옆에서 경기를 하니까 볼 수 있었는데, 장린은 두 레인이나 떨어져 있어서 볼 수가 없었습니다.

"선생님 긴장되는데요."

"훈련한 대로만 해. 그럼 이길 수 있어."

박태환은 결선을 앞두고 매우 긴장을 했습니다. 마음을 가라앉히려고 화장실을 자주 들락거렸습니다. 경쟁 선수인 해켓, 장린, 젠슨도 잔뜩 긴장한 얼굴로 이리저리 서성이고 있었습니다.

"400미터 선수들 입장하세요."

박태환은 장내 아나운서의 안내 방송에 따라 헤드폰을 끼고 음악을 들으며 출발대로 걸어갔습니다.

"대한민국! 박태환 파이팅!"

관중석에서 힘찬 응원을 보냈습니다.

"3번 레인, 대한민국, 박태환!"

출발에 앞서 선수를 소개하자 박태환은 관중석에 있는 한국응원단을 향해 팔을 높이 흔들었습니다. 우리나라 관중은 별로 많지 않았지만 와! 하는 함성은 워터큐브가 떠나갈 정도로 컸습니다.

"삐!"

마침내 출발 신호가 울렸습니다. 박태환은 8명의 선수 가운데 가장 먼저 물에 뛰어들었습니다. 0.69초로 제일 빠른 출발 반응을 보였습니다.

"박태환! 더 힘을 내."

관중들은 박태환이 처음 50미터를 4위로 돌자 안타까워 어쩔 줄 몰랐습니다. 예상대로 해켓은 초반부터 빠르게 치고 나와 선두를 달렸습니다.

"너무 떨어진 것 같아. 조금 속도를 올려야겠어."

박태환은 100미터 지점에서는 거의 해켓을 따라잡았습니다. 150미터에서는 불과 0.04초 차이로 해켓을 바짝 추격했고, 200미터 지점에서는 드디어 역전에 성공했습니다.

"힘내라! 박태환!"

관중석에서는 다시 응원이 시작됐습니다.

"대한민국 박태환, 금메달이 보입니다."

"조금만 힘을 내면 올림픽 수영 사상 최초로 금메달을 딸 수 있습니다."

중계방송을 하는 아나운서도 흥분을 가라앉히지 못했습니다. 텔레비전을 지켜보던 온 국민들도 박태환이 1위로 골인하기를 한마음으로 기원했습니다.

"젖 먹던 힘까지!"

박태환은 해켓을 앞지른 뒤 더욱 부지런히 팔과 다리를 움직였습니다.

"해켓은 처졌고. 어! 장린이 따라오네?"

박태환은 350미터 지점을 지나서는 다른 선수들을 볼 만큼 여유가 있었습니다. 선두 경쟁을 벌였던 해켓은 350미터 지점부터 뒤처지기 시작했습니다. 초반에 힘을 너무 많이 쓴 탓에 후반에 치고 나갈 힘이 없었던 거죠.

박태환은 끝까지 힘을 내서 물살을 갈랐습니다.

"박태환 최고! 대한민국 최고!"

터치패드를 찍고 머리를 들자 한국 응원단의 힘찬 함성이 들려왔습니다.

박태환은 전광판 제일 위에 '박태환 3분 41초 86' 이라고 찍힌 것을 확인하고 손가락을 치켜세우며 승리를 자축했습니다.

"와! 내가 해냈어."

2위로 들어온 장린은 박태환을 향해 엄지손가락을 세워 보였습니다. 그리고 다정스럽게 포옹을 하면서 라이벌 박태환의 우승을 축하해 주었습니다. 3위 젠슨과 4위로 골인한 해켓도 축하의 인사를 건넸습니다.

시상식 후 기자회견이 열렸습니다. 수많은 한국과 외국 기자들이 앞 다투어 질문 경쟁을 했습니다.

"부담이 없었습니까?"

"지금 말하는 것이지만 솔직히 어깨가 무겁고 부담이 됐습니다. 좋은 성적을 낼 수 있어서 기쁩니다."

"어느 지점에서 우승을 예감했습니까?"

"마지막까지 최선을 다한다는 생각으로 했습니다."

다음 날 각국 언론들은 박태환의 금메달 소식을 대문짝만 하게 보도했습니다. 국민들도 자신의 일인 양 기뻐했습니다.

올림픽 수영경기장에서 사상 처음으로 애국가가 연주됐습니다. 박태환은 시상대에서 금메달을 목에 걸고 태극기를 바라보며 눈물을 글썽였습니다.

"너무 딴딴한데."

박태환은 익살스럽게 금메달을 깨물어 보기도 했습니다. 그래도 금메달을 차지했다는 실감이 나지 않았습니다.

"태환아! 네가 해냈구나."

그때 관중석에서는 박태환의 가족들도 조용히 기쁨의 눈물을 흘렸습니다. 올림픽 수영 자유형 400미터에서 동양 선수가 금메달을 딴 것은 박태환이 처음이었습니다. 박태환은 이 여세를 몰아 200미터에서 펠프스에 이어 2위를 차지해 은메달을 목에 걸었습니다.

악몽의 로마 세계선수권대회

"아무리 자려고 해도 잠이 안 와요."

박태환은 2009년 로마 〈세계수영선수권대회〉 개막을 3주 정도를 앞두고 불면증을 호소했습니다. 베이징 올림픽 때 국민의 영웅이 되었지만 부담도 더 심해진 것이었죠.

"제가 메달을 못 따면 사람들이 욕하겠죠?"

"최선을 다 하는 모습을 보이면 된다."

박태환은 밤이 깊도록 자기를 담당하고 있는 전담팀 매니저와 이야기를 나누었습니다. 그러고도 잠이 오지 않아 헤드폰을 끼고 누나가 뽑아준 노래를 들으며 잠을 청했지만 소용이 없었습니다. 온갖 잡생각이 떠올라 밤을 새기 일쑤였어요. 게다가 몰려드는 CF촬영 때문에 일정도

조절해야 했습니다.

"며칠 일찍 로마로 오셔야겠어요."

"왜 그러시죠."

"화보 촬영 일정이 잡혔어요."

"훈련에 지장이 있으면 안 되는데."

"훈련에 지장 없이 몰래 찍겠습니다."

박태환은 베이징 올림픽 후 계약한 외국계 의류회사의 요청에 따라 한국 선수단보다 이틀 일찍 로마로 떠났습니다.

대회가 며칠 앞으로 다가오자 박태환은 많이 불안했습니다. 밤마다 가위에 눌리는 등 악몽을 꾸기도 했습니다.

컨디션이 나빠진 박태환은 주 종목인 400미터 예선에서 12위로 탈락했습니다. 올림픽 금메달을 딴 선수가 예선에서 떨어지리라고는 아무도 예상하지 못했습니다. 박태환은 충격이 컸지만 애써 마음을 가라앉히고 결선이 열리는 날 호텔방에서 전담팀과 함께 텔레비전을 봤습니다.

"아! 저게 내 메달인데."

독일 선수 비더만이 첨단 전신수영복을 입고 세계 신기록을 세우며 우승하자 무릎을 치면서 말했습니다. 전신수영복은 온몸을 모두 감싸는 최첨단 수영복으로 이 수영복을 입으면 수영이 더 잘된답니다.

"그러게 말이야."

전담팀도 맞장구를 쳤습니다.

"괜찮아. 내가 세계기록을 갈아 치울 거니까."

박태환은 농담을 하며 오히려 전담팀을 위로했습니다.

"전신수영복을 입어야 하지 않겠니?"

"괜찮아요. 저는 지금이 편해요."

전담팀에서 첨단 전신수영복을 권했지만 박태환은 윗옷은 입지 않는 반신수영복을 고집했습니다. 로마대회에서는 세계신기록이 쏟아졌는데 모두 첨단 전신수영복을 입은 선수들이 세운 것이었습니다.

이어서 열린 200미터 경기와 1500미터 경기에서도 예선에서 떨어져 결선에 진출하지 못하자 처음엔 담담하던 박태환도 충격이 이만저만이 아니었습니다.

박태환은 우리나라로 돌아와 느낌을 말했습니다.

"저 자신한테 실망과 아쉬움이 남습니다. 좀 더 성장하는 계기가 될 것으로 믿습니다."

박태환은 큰 충격을 받았지만 담담해지려고 노력했습니다. 그런데 사람들은 박태환을 가만히 놔두지 않았습니다.

"사람이 달라졌어."

"대회를 앞두고 CF 촬영을 하는 게 제 정신이냐."

이제 겨우 스무 살을 넘긴 청년에게 쏟아지는 비난은 너무 가혹한 것이었습니다.

새로운 스승을
만나다

박태환은 인터넷 댓글을 보고 충격에 빠졌습니다. 무엇보다 '열정이 없다'는 말에 수영을 포기하려고까지 생각했습니다.

아테네 올림픽에서 부정 출발로 실격했을 때보다 더 가슴앓이를 했습니다.

"태환아, 오늘 이브인데 기분 좀 풀러 가자."

"난 됐어. 너희들끼리 가서 놀아."

크리스마스이브 날 친구들이 놀러가자고 매달려도 박태환은 꿈쩍도 하지 않았습니다. 도저히 밖에 나가서 자신을 비웃는 팬들을 볼 용기가 나지 않았습니다.

박태환은 로마 세계선수권대회가 끝난 뒤 그해 말까지 사람들을 거

의 만나지 않았습니다.

"어머니, 아버지. 수영 그만 할래요."

어느 날 박태환은 부모님에게 수영을 하지 않겠다는 충격적인 말을 했습니다.

"뭐라고?"

"아버지, 지금 상태로는 마음을 너무 다쳐 운동을 못하겠어요."

옆에서 듣고 있던 어머니가 박태환을 달랬습니다. 누나도 열심히 설득했습니다.

"살다 보면 힘든 일이 있게 마련이지."

"그래도 지금은 너무 힘들어요."

"아버지가 미안하다. 올림픽 끝나고 수영을 그만두게 했어야 했는데……. 괜히 내가 욕심을 부렸구나."

오히려 아버지는 박태환에게 미안해했습니다.

미안해하는 아버지와 어머니를 보니 오히려 박태환의 마음이 아팠습니다. 어떤 부모님이라도 마찬가지겠지만 박태환의 아버지와 어머니는 이렇게 모든 것을 내주시는 분이었습니다.

박태환은 부모님을 위해서라도 다시 힘을 내야겠다고 생각했습니다.

며칠 뒤 박태환 가족은 삼계탕 집에서 함께 식사를 했습니다. 가족들의 따뜻한 위로를 받으니 다시 힘이 나는 듯했습니다. 박태환은 비록 나이는 어리지만 여러 가지 일들을 겪으면서 또래보다 많이 성숙했습니다. 이제 경기 결과보다 과정을 중요하게 생각해야겠다는 마음이 들었습니다.

박태환은 자신을 돌아봤습니다. 어렸을 때부터 목표로 해왔던 올림픽 금메달을 따고 나서 조금 긴장을 놓았던 것이 사실이었습니다. 이제 박태환은 금메달을 목표로 하는 것이 아니라 수영 그 자체를 목표로 하기로 결심했습니다.

자신이 지금 처해 있는 현실을 긍정하면서 사람은 성장하는 것입니다. 박태환은 이제 그저 수영을 잘하는 소년이 아니었습니다.

박태환은 아빠에게 농담을 던졌습니다.

"아빠, 이제 첨단수영복을 못 입게 된다잖아. 그러면 세계기록을 깰 사람은 나밖에 없어요."

이제 수영 규칙이 바뀌어서 전신수영복을 못 입게 되었습니다. 전신수영복은 수영 선수의 능력보다 수영복의 성능에 따라 성적이 바뀐다는 말들이 많았습니다. 원래 전신수영복을 입지 않는 박태환에게는 오히려 잘된 일이었습니다.

"자식, 능청스럽기는……."

아버지는 마침내 너털웃음을 터뜨리고 말았습니다.

그때였습니다.

"박태환 선수 실망하지 말아요. 전 국민이 응원하고 있으니까."

박태환 가족을 알아 본 옆 테이블 손님이 식당이 떠나갈 듯 큰소리로 응원을 보냈습니다.

"감사합니다. 열심히 하겠습니다."

그날 기분이 좋아진 박태환 아버지는 옆 테이블의 음식값까지 계산했습니다.

박태환이 흔들리자 주변 사람들은 박태환이 다시 베이징 올림픽 때처럼 대표팀과 함께 합숙하며 맹훈련해야 한다고 말했습니다.

하지만 박태환의 생각은 달랐습니다. 이제 겨우 메달 자체가 목적이 아니라 수영을 즐기게 되었으니 자기만의 방식으로도 잘할 수 있다는 것을 보여주고 싶었습니다.

"전 더욱 잘할 수 있어요."

"그래, 한번 해봅시다."

박태환을 지원하던 기업에서 박태환을 위해 새로운 팀을 꾸려주기로 약속했습니다. 그리곤 전담 코치로 마이클 볼 코치를 선임해주었습니다.

"헬로, 파키."

마이클 볼 코치는 박태환을 성(Park)을 따서 파키라고 불렀습니다.

마이클 볼 코치는 지금까지 만났던 어떤 코치나 감독과도 달랐습니다. 박태환은 노민상 감독 외에도 존경할 만한 새로운 스승을 만난 것입니다.

나는 아직 부족하지만
수영은 정말 재미있어

"누나, 나 전화번호 바꿨어."

"갑자기 전화번호는 왜?"

"아시안 게임에 대비해 마음을 가다듬으려고."

"몇 번으로 바꾸었니."

"뒷자리만 2010으로."

박태환은 2010년 광저우 아시아 게임을 앞두고 전화번호를 바꾸었습니다. 광저우 아시안 게임에 도전하겠다는 다짐이었습니다. 열심히 노력한 덕분인지 컨디션도 많이 좋아졌습니다.

"베이징 올림픽 때만큼 좋아."

노민상 감독님은 초시계로 기록을 재며 연신 기분 좋은 표정을 지었

습니다.

"마지막에 좀 더 킥을 빨리 해봐."

"예, 0.01초 앞당겨 볼까요."

"좋아, 됐어."

박태환은 부쩍 좋아진 발동작을 노민상 감독님에게 선보였습니다.

"이제 훈련 끝이죠."

"오늘은 6000미터 더."

박태환은 호주 전지훈련을 마치고 우리나라로 들어와서 하루 평균 9000미터 정도를 헤엄쳤습니다. 그런데 감독님은 훈련량이 성에 차지 않으면 1만 5000미터까지도 훈련을 시켰습니다.

"감독님, 제가 더 시킬까요?"

마이클 볼 코치는 감독님에게 박태환을 골려주려고 자주 농담을 했습니다.

"코치님 정말 너무하세요."

"농담도 못하냐."

노민상 감독님과 볼 코치의 손발이 잘 맞아 훈련 분위기는 항상 활기가 넘치고 웃음이 떠나질 않았습니다.

특히 볼 코치는 긍정적인 말과 세심한 배려로 박태환의 컨디션을 끌어올렸습니다.

기자들은 수시로 박태환의 훈련을 취재하러 왔습니다. 베이징 올림픽의 금메달 실력을 발휘할 수 있을 거라 생각했기 때문입니다.

"많이 좋아졌나요?"

"기대해도 좋습니다."

평소 말을 아끼는 감독님도 아시안 게임을 앞두고는 지나치게 자신감을 보였습니다.

"중국 장린 선수와 쑨양 선수가 워낙 상승세인데요."

"틀림없이 금메달 3개 이상은 땁니다. 두고 보십시오."

전신수영복과 기록의 관계

몇 년 전까지 세계 유명 수영복 제조사들은 첨단 전신수영복 개발에 매달렸습니다. 선수들도 앞다퉈 첨단 전신수영복을 입고 경기에 출전했죠. 전신수영복을 입으면 기록을 단축할 수 있었기 때문이었습니다.

실제로 폴리우레탄 재질의 전신수영복은 뜨는 힘을 향상시키고 물의 저항을 줄이는 데 큰 효과가 있었어요. 많은 선수들이 첨단 전신수영복을 입고 출전한 2008 베이징 올림픽에서는 25개의 세계 신기록이 쏟아졌습니다. 2009 로마 세계선수권대회에서도 43개의 세계 신기록이 나왔죠.

그러나 첨단 전신수영복은 인간의 신체 기능을 겨루는 스포츠 정신과 맞지 않는다는 논란이 계속됐어요. 결국 세계수영연맹(FINA)은 2010년 첨단 전신수영복 퇴출 결정을 내렸습니다. 원래 전신수영복을 입지 않는 박태환 선수에게는 오히려 유리해진 것이죠.

현재 남자는 허리에서 무릎까지 오는 수영복만을 착용할 수 있습니다. 여자는 수영복이 어깨선을 넘거나 무릎 아래로 내려가면 안 됩니다.

5장 나의 수영은 즐거워

다시 찾은 영광

"와! 태환이 형이다. 사인 좀 해주세요."

"어디다 사인 해줄까."

광저우에 도착한 박태환은 인기가 아주 높았습니다. 박태환은 밝은 표정으로 한 명 한 명씩 얘기를 하면서 사인을 해주었습니다. 대부분 선수들은 큰 대회를 앞두고 신경이 예민해져 아주 민감한 반응을 보입니다. 그런데 박태환은 달랐습니다. 자신감을 회복했다는 증거지요.

박태환을 인터뷰 하러 온 기자들은 깜짝 놀랐습니다. 박태환의 머리가 빨간색이 되어 있었기 때문이죠.

"빨간색으로 물들인 이유라도 있나요?"

"한번 해보고 싶었던 머리색이라 그냥 물들였어요."

박태환은 가끔씩 미소를 지으며 여유 있는 표정으로 기자회견을 했습니다.

박태환은 자유형 200미터 예선에서 라이벌인 중국의 쑨양, 장린에 이어 3위를 했어요. 사람들은 기록 차이가 많이 난다며 염려를 하기 시작했습니다.

"너무 늦는 거 아니야?"

그런데도 노민상 감독님과 볼 코치는 미소만 짓고 있을 뿐 걱정을 하지 않았습니다. 박태환이 마지막 50미터를 남기고 일부러 속도를 줄이는 것을 보았기 때문이죠.

'역시 머리가 좋은 녀석이야. 내가 작전을 잘 짠 덕인가? 하하하.'

감독님은 속으로 웃었습니다.

박태환은 결선에서 3번 레인을 배정받으려고 일부러 3위를 했어요. 1위를 하면 중국 선수인 쑨양과 장린이 양옆에서 나란히 견제를 할 확률이 높았기 때문이죠.

200미터 결승이 시작되자 박태환의 몸놀림은 완전히 딴 판이었습니다. 처음부터 치고 올라갔습니다. 중국의 기대주 쑨양 선수도 깜짝 놀랐지요.

"1분 44초 80, 아시아 신기록!"

박태환은 자신이 가지고 있던 아시아 신기록을 0.05초 앞당겼습니다.

2위를 한 쑨양은 '엄청난 차이를 느꼈다'며 박태환의 실력을 인정했습니다. 그러면서도 400미터 경기에서는 반드시 금메달을 목에 걸겠다고 다짐을 했어요.

박태환은 400미터 예선에서 5위로 통과했습니다.

"벌써 지친 거야?"

박태환이 400미터 예선에서 5위로 결선에 올라가자 한국선수단 관계자들은 또다시 걱정을 쏟아냈습니다.

'다 작전이라고요. 200미터 때도 그랬잖아요.'

노민상 감독님은 답답한 마음에 가슴을 탁탁 두드렸습니다.

400미터 결선이 시작되기 전 박태환은 쑨양, 장린과 눈인사를 했습니다. 경기장 밖에서는 좋은 친구가 되었지만 경기할 때만은 비장했습니다.

"삐!"

출발 신호와 함께 박태환은 2레인에서 3레인 장린, 4레인 쑨양과 거의 동시에 물에 뛰어들었습니다.

박태환은 25미터부터 1위로 나섰습니다.

"역시, 속았구나."

쑨양과 장린은 박태환이 결선을 위해 힘을 아꼈다는 것을 알았지만 도저히 따라잡을 수 없었습니다. 아무리 힘껏 팔과 다리를 놀려도 힘이

부쳤습니다.

"3분 41초 53."

박태환은 베이징 올림픽에서 금메달을 따면서 세운 한국 신기록을 갈아치웠습니다.

박태환은 전광판에서 기록을 확인한 뒤 경기장에서 나와 태극기를 들고 기쁨을 만끽했습니다.

관중석에 있던 볼 코치도 기쁜 표정을 지었습니다. 사실 쑨양을 지도한 코트렐 코치는 볼 코치와 라이벌 관계인 호주 코치였습니다. 선수와 코치 모두 라이벌이었던 셈이죠.

금메달 시상식이 끝난 후 박태환은 기자회견장으로 가지 않고 관중석 쪽으로 걸어갔습니다. 쑨양과 장린은 이쪽이라며 손짓을 했지만 박태환은 싱글싱글 웃으면서 계속 관중석 쪽으로 갔습니다.

그리고는 관중석으로 꽃을 던졌습니다. 그 꽃을 받은 사람은 박태환의 누나였습니다.

박태환이 밝게 웃으며 꽃다발을 주자 상큼한 미소를 지으며 그것을 받는 아가씨의 모습이 텔레비전으로 중계가 됐습니다.

"여자 친구인가 봐."

사람들은 처음에 박태환의 여자 친구인 줄 알았지만 나중에 박태환의 친누나임이 밝혀져 논란은 사라졌습니다. 하지만 남매간의 훈훈

한 사랑이 알려져 누나는 '연인 같은 누나'라며 엄청난 인기를 누렸습니다.

박태환은 100미터 부문에서도 금메달을 땄습니다. 100미터 부문 국제대회에서 금메달을 딴 것은 이번이 처음이었습니다. 박태환은 광저우 아시안 게임에서 금메달 3개, 은메달 1개, 동메달 3개 등 모두 7개의 메달을 수확했습니다.

안녕
감독님

"**대표팀** 감독을 그만둘까 합니다."

"아니 감독님 무슨 말씀입니까. 아직도 하실 일이 많은데."

노민상 감독님은 광저우 아시안 게임 막바지에 감독을 그만두겠다고 말했습니다.

"이제 좀 쉬고 싶습니다. 선수들도 이제 많이 좋아졌고요."

"다음 런던 올림픽까지 맡아주셔야죠. 귀국해서 다시 이야기합시다."

사람들은 모두 감독님의 사퇴를 말렸어요. 하지만 감독님의 뜻이 워낙 강해 아시안 게임을 마친 뒤 한국에 들어와 마지못해 퇴임을 허락했습니다.

2011년 1월에는 박태환의 아시안 게임 3관왕을 축하하는 행사가 열렸습니다.

"노 감독! 런던 올림픽도 자신 있지?"

축사를 하던 중에 대한체육회 회장님이 노민상 감독님에게 불쑥 말을 건넸습니다.

"예, 회장님!"

이미 사퇴가 결정돼 있었지만 감독님은 "예"라고 말할 수밖에 없었습니다. 축제 분위기를 망치고 싶지 않았으니까요.

"상당히 마음이 아프지만 훌륭한 후배들이 성장했으니 비켜줄 때가 됐습니다."

시상식이 끝난 뒤 감독님은 정식으로 사퇴를 하겠다고 말했습니다.

"아니 노 감독님이 그만두면 누가 맡아요."

곳곳에서 사퇴를 만류하는 목소리가 들렸습니다.

"수영 꿈나무 발굴과 육성에 남은 힘을 쏟겠습니다."

노민상 감독님은 눈물을 글썽이며 국가대표팀 감독을 맡았던 지난날을 다시 떠올렸습니다. 노 감독님은 2006년 8월부터 대표팀을 맡았습니다.

"태환이가 베이징 올림픽에서 금메달을 땄을 때가 가장 기억에 남습니다."

노민상 감독님은 도하와 광저우 아시안 게임 등 국가대표 감독으로 박태환과 함께한 순간들을 이야기했습니다.

감독님은 '마치 딸을 시집보내는 부모님의 심정으로 박태환을 보낸

다' 고 말했습니다.

"이런 자리에서 감독님의 은퇴식을 가지게 돼 마음이 아프네요."

박태환은 눈물을 글썽이며 말을 이어갔습니다.

"어릴 때부터 좋은 수영법을 알려주셔서 제가 이 자리까지 오르게 되었습니다."

박태환의 말에 감독님은 감동했습니다.

"감사합니다. 감독님."

박태환은 끝내 울음을 터뜨리고 말았습니다. 감독님의 눈가에도 이슬이 맺혔습니다.

박태환이 일곱 살 때부터 수영으로 인연을 맺은 스승과 제자는 서로를 껴안은 채 아름다운 이별식을 치렀습니다.

그날 밤 감독님은 혼자서 조용히 찻잔을 들었습니다.

일곱 살 꼬마가 어머니 손에 끌려오던 모습, 개인 훈련하겠다고 자신과 결별을 선언하던 모습, 올림픽 금메달을 따고 환호하는 모습, 로마 대회 후 좌절하던 모습 등이 차례로 떠올랐습니다.

마음이 벅차 오르자 노 감독님은 구슬픈 노래를 불렀습니다.

"정주고 내가 우네. 너무나도 내가 사랑했기에……."

평소 즐겨 부르는 노래였습니다. 그날 밤 노 감독님은 밤새도록 그 노래를 불렀습니다.

아,
런던 올림픽 400미터

"런던 올림픽에서는 세계 신기록을 세워야지."

박태환은 런던 올림픽에 대비해 6개월에 걸친 해외 전지훈련에 들어갔습니다. 해외 전지훈련을 시작하기 전 볼 코치는 박태환에게 런던 올림픽에서 반드시 세계 신기록으로 우승할 것을 주문했습니다.

"태환이 실력이 엄청 늘었어. 올림픽 2연패가 가능하겠는데."

박태환은 세 차례 해외 전지훈련을 마치고 15일간 한국에 머무는 동안 〈동아수영대회〉에 참가했습니다. 많은 수영 지도자들은 박태환의 달라진 모습을 보고 자기 일같이 기뻐했습니다. 몸이 수영을 하기 좋도록 완전히 변해 있었거든요.

"몸을 풀 곳이 없어요."

우리나라에서 열린 대회인 〈동아수영대회〉에 참가한 박태환은 난감했습니다. 시설이 열악해서 선수들이 따로 몸을 풀 곳이 없었습니다. 박태환은 일반인들이 왔다갔다하는 곳에서 준비운동을 했습니다.

제대로 된 시설도 없는 우리나라에서 박태환이 세계를 호령하는 실력을 갖게 된 것이 기적처럼 느껴졌습니다.

5월 말, 박태환은 캐나다 벤쿠버에서 열린 〈주니어인터내셔널 대회〉에 참가했습니다.

"그동안 훈련한 잠영과 킥 실력을 한 번 보여 봐."

잠영은 물속에서 수영을 하는 것으로 잠영이 빠르고 길수록 경기 기록은 좋아집니다. 킥은 물을 차는 법인데 박태환이 집중적으로 연습한 부분입니다.

"그만하면 됐어. 조금만 더 보완하면 문제없겠어."

볼 코치는 대회 내내 박태환의 잠영과 킥 실력을 점검했습니다. 박태환의 기록은 점점 더 좋아졌습니다.

그동안 박태환은 수영 말고는 아무것도 생각하지 않았습니다. 1년에 10개월 이상을 선수촌과 해외 전지훈련을 하면서 지냈습니다.

사람들은 박태환이 수영밖에 모른다고 해서 수도승이라고 부르기까지 했습니다.

"박태환 선수, 이번 대회에서도 금메달을 딸 자신 있습니까?"

"최선을 다했기 때문에 좋은 결과가 있을 겁니다."

박태환은 해외 전지훈련을 마치고 곧바로 런던으로 가서 선수촌에 입촌했습니다. 공항에 도착하자마자 수많은 기자들과 교민들이 박태환을 환영했습니다. 400미터 부문의 유력한 금메달 후보였으니 관심을 보이는 건 당연했습니다.

"박태환 역이 생긴 건 아시죠?"

"예, 이야기 들었습니다. 대회가 끝난 뒤에도 그대로 있었으면 좋겠네요."

"대회가 끝나면 한 번 가볼 생각인가요?"

"그럴 예정입니다. 다른 역도 멋지게 만들었겠지만 제 역도 멋졌으면 좋겠어요."

런던 올림픽 조직위원회는 런던 시내 361개 역에 지금까지 올림픽을 빛낸 스타들의 이름을 딴 역을 만들었습니다. 박태환 역은 런던 동북쪽 외곽에 있는 데브덴 역이었습니다.

드디어 박태환이 400미터 예선에 출전했습니다. 자신만의 수영을 보여줄 작정이었습니다. 박태환은 여유롭게 예선에서 1위로 터치패드를 찍었습니다.

"어! 뭐지?"

그런데 이상한 일이 일어났습니다. 전광판에 1위라고 쓰여 있는 대신 '실격'이라는 뜻의 DSQ가 표시되었습니다.

아무도 생각하지 못했던 일이었습니다. 박태환은 원인을 몰라 어리둥절했습니다. 런던까지 박태환을 응원 온 부모님도 당황해서 사방으로 뛰어다니며 이유를 알아보려 했습니다.

박태환은 정상적으로 경기를 했기 때문에 실격되리라곤 꿈에도 생각하지 않았습니다.

"당장 이의신청부터 하세요."

현장에서 경기를 지켜보던 런던 올림픽 선수단 단장의 지시에 따라 한국 선수단은 조직적으로 움직였습니다.

"박태환은 출발자세에서 어깨와 몸을 움직이는 부정출발을 해 실격 처리했습니다."

국제수영연맹은 심판의 판정에 문제가 없다고 알려왔습니다. 한국 선수단은 재빨리 결정이 잘못되었다며 수정해줄 것을 요청했습니다.

우리나라의 요청에 따라 각 나라 수영연맹 회장과 국제연맹 회장단으로 구성된 위원회는 약 한 시간 동안 녹화된 영상을 보면서 회의를 했습니다.

"어떻게 진행되고 있는 거지? 궁금해서 미치겠네."

그 시간, 수영연맹 관계자들은 발을 동동 구르며 결과를 기다리고 있었습니다. 지난 25년간 판정이 바뀐 적이 단 한 번도 없었기 때문에 가슴을 졸이고 있었던 거죠.

원래 결선을 준비하면서 몸을 풀고 연습을 해야 했던 박태환도 그 시간 동안 스트레스를 받으며 아무것도 하지 못했어요.

마침내 최종 결과가 나왔습니다.

"박태환 선수의 실격이 취소됐어요!"

오후 3시 40분 국제수영연맹 관계자가 반가운 소식을 전해주었습니다.

"박태환 선수가 어깨를 움직이긴 했으나, 고의성이 없는 습관이라고 판정을 내렸습니다."

"취소됐어. 빨리 결선 준비해."

박태환은 안종택 감독님의 지시에 따라 부랴부랴 밥을 챙겨먹고 몸을 풀었습니다.

"태환이 몸이 무거운 것 같아 걱정이야."

볼 코치는 선수촌 근처 보조 수영장에서 몸을 푸는 박태환을 걱정스러운 눈으로 바라보고 있었습니다. 마음을 조린 데다 휴식을 제대로 취하지 못했기 때문에 정상 컨디션이 아니었으니 몸이 무거울 수밖에 없었습니다.

박태환은 불리한 상황에서도 결선에서 최선을 다했습니다. 초반에는 1위로 치고 올라오기까지 했습니다. 하지만 뒤로 가면서 쑨양에게 뒤처지더니 은메달을 차지했습니다. 그러나 너무나 값진 은메달이었습니다. 불리한 여건에서도 끝까지 포기하지 않고 지켜낸 자랑스러운 메달이었습니다.

박태환은 은메달을 딴 것도 물론 기뻤지만 그동안의 노력이 생각나 눈물을 짓고 말았습니다.

0.01초의 경기와
우정의 은메달

"걱정 마. 열심히 훈련했잖아."

볼 코치는 200미터 예선에 앞서 박태환을 위로했습니다. 400미터에서 실격 소동을 겪고 은메달을 따긴 했지만 여전히 박태환의 얼굴이 어두웠기 때문이었습니다.

"아녤도 그렇고 쑨양, 록티도 기록이 장난이 아니에요."

"걱정 마. 네가 연습한 대로만 하면 메달이 가능해."

볼 코치는 200미터 결선에 앞서 걱정하는 박태환에게 자신의 수영만 한다면 문제없다고 용기를 주었습니다.

결선이 시작되었습니다. 박태환은 100미터 지점을 2위로 통과했습니다. 박태환은 다른 사람은 신경 쓰지 않고 자신만의 수영을 하겠다

고 마음을 먹었습니다. 경기가 끝나고 순위판을 바라보았습니다.

"은메달?"

"1분 44초 93."

쑨양과 100분의 1초까지 똑같은 기록이었습니다. 쑨양도 기록을 확인한 뒤 박태환과 포옹을 했습니다. 두 사람은 모두 은메달을 받았습니다. 똑같은 기록으로 동시에 들어와 메달을 공동 수상하는 것은 올림픽 수영 역사상 처음 있는 일이었습니다.

"형, 잘했어요. 축하해요."

경기가 끝난 뒤 쑨양은 박태환 쪽으로 다가와서 포옹을 했습니다. 두 사람은 라이벌 관계에서 점차 우정이 싹 트는 관계로 발전했습니다.

"고마워. 쑨양도 잘했어."

쑨양은 런던에 도착한 뒤 인터뷰에서 박태환이 최고의 선수라고 칭찬했습니다.

박태환은 200미터 시상식 후 인터뷰를 하러 가다 관중석에 있는 부모님을 발견하고 꽃다발을 던졌습니다. 아넬도 박태환을 따라 관중석에 있는 자기의 부모님께 꽃다발을 던졌습니다. 그중에는 쑨양의 부모님도 있었습니다.

"형, 우리 부모님이야."

"안녕하세요."

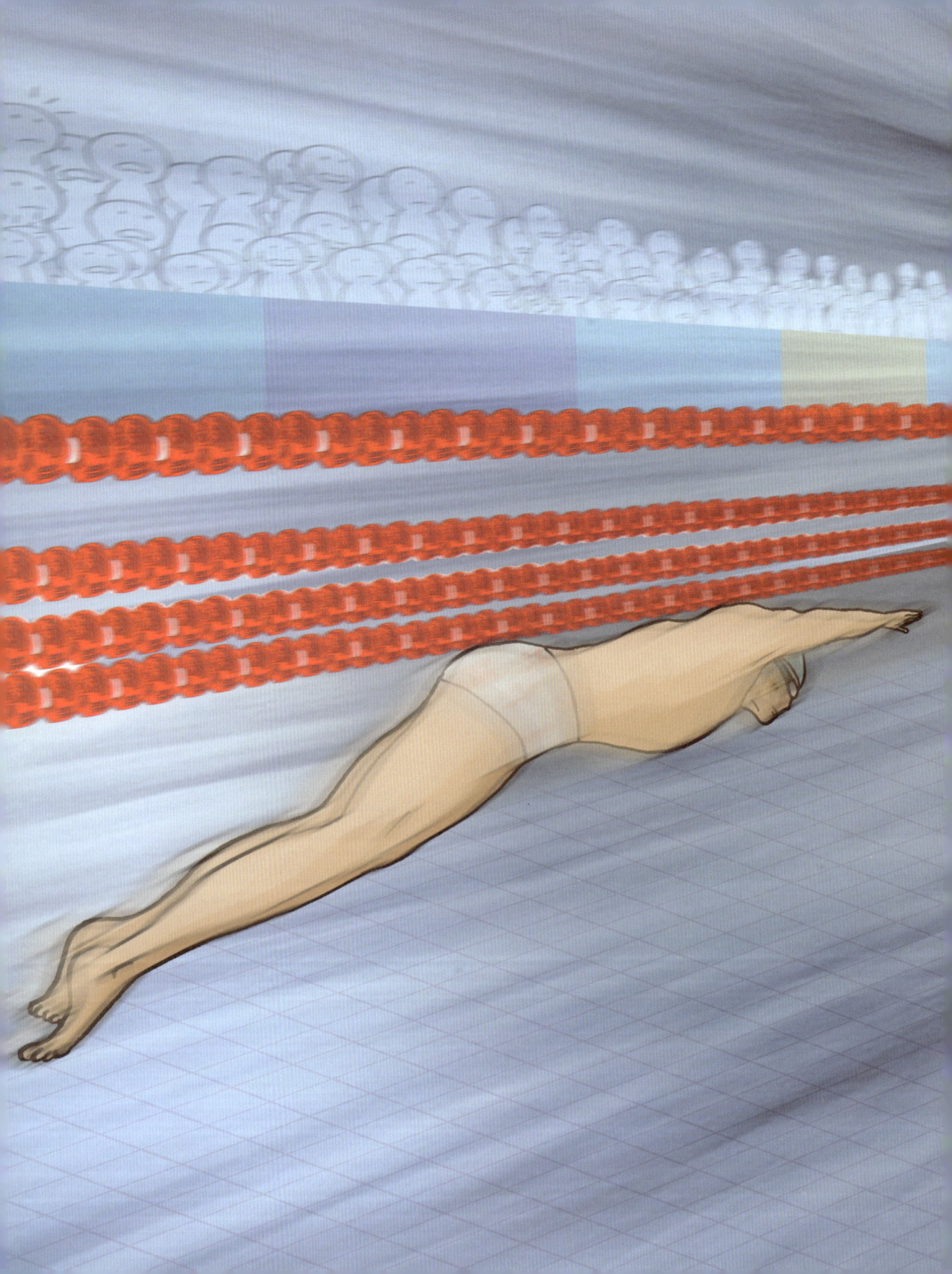

박태환은 관중석에 있는 쑨양의 부모님께 손을 흔들며 인사했습니다. 쑨양 부모님도 반갑게 인사를 했어요.

"야, 너도 부모님께 꽃다발 드려."

박태환은 쑥스러워 하는 쑨양에게 부모님께 꽃다발을 드리라고 말했습니다. 쑨양은 박태환의 말에 따라 관중석에 있는 부모님께 꽃다발을 던졌습니다. 세 명의 선수가 보여준 훈훈한 장면에 관중들은 큰 박수를 보냈습니다.

박태환은 시상식 후 '훈련한 대로 됐다'며 이제야 활짝 웃었습니다. 드디어 자신만의 수영을 해낸 것입니다.

쑨양과 박태환의 우정은 1500미터 경기에서도 계속되었습니다. 1500미터 경기는 쑨양이 자신 있어 하는 종목이었습니다. 박태환은 원래 1500미터는 출전하지 않으려 했지만 올림픽에 출전할 수 있는 한국 선수는 박태환이 유일하기 때문에 출전한 것입니다.

결승을 앞두고 쑨양 선수가 말을 걸었습니다.

"형, 잘해요."

"응, 너도 잘해."

결선이 시작되었습니다. 다들 긴장하고 있는 가운데 준비 신호가 울렸습니다. 그런데 쑨양 선수가 물에 풍덩 뛰어들었습니다. 2004년 아테네 올림픽이 떠올라 태환이는 걱정이 되었습니다. 그러나 다행히도 운영진의 실수로 밝혀져 쑨양은 탈락을 면했습니다.

　박태환은 50미터는 1위로 통과했지만 800미터부터 4위로 처졌습니다. 1000미터 지점에서는 힘이 부쳐 힘껏 나아갈 수가 없었습니다. 결국 4위로 경기를 마쳤습니다.

　"쑨양, 세계 신기록 축하해."

　박태환은 세계 신기록으로 우승한 쑨양에게 다가가 축하를 해주었습니다. 쑨양은 박태환에게 사진을 찍자며 말했습니다.

　"형하고 사진 찍는 게 더 기뻐."

　쑨양은 사진을 찍은 뒤 전화로 부모님께 박태환과 사진을 찍었다고 자랑을 하기도 했습니다.

　박태환 부모님과 쑨양 부모님도 런던에서 만났습니다. 1500미터 경기가 끝난 뒤 한국과 중국의 언론사가 두 선수의 부모님들끼리 만나는 자리를 마련했기 때문이었습니다.

　"아드님이 세계 신기록을 세운 것을 축하드립니다."

　박태환 아버지는 쑨양 부모님에게 먼저 축하 인사를 했습니다.

　"우리 아들이 박태환 선수를 우상으로 생각하고 있습니다."

　쑨양의 부모님은 박태환이 최고의 선수라고 추켜세웠습니다.

　"태환이 가족을 쑨양의 고향인 항저우로 초청합니다."

　"서울에 한번 오시면 제가 구경시켜 드리겠습니다."

양 선수 부모님은 서로를 자기 나라로 초청하기로 약속했습니다.

박태환은 경기 후 열린 기자회견에서도 쑨양을 칭찬했습니다.

"이겨보고 싶었지만 나보다 실력이 월등히 앞섰습니다. 앞으로 더 좋은 기록을 세워주길 바랍니다."

"조금만 힘을 냈더라면 메달도 가능했는데. 4위가 아쉽지 않으세요?"

"아쉬움이 없다면 거짓말일 겁니다. 하지만 많은 사람들의 격려로 뜻 깊은 메달을 두 개나 땄습니다."

박태환은 이제 수영을 통해서 얻을 수 있는 것이 성적뿐만이 아니라는 것을 가슴 깊이 느끼게 되었습니다.

미래를 향해 스트로크!

"이번에는 누가 뭐라고 해도 먼저 갈 겁니다."

박태환은 메달리스트는 올림픽이 끝난 뒤 함께 귀국해야 된다는 통보를 받았습니다. 하지만 그동안 연습하느라고 몸과 마음이 피곤해 하루라도 빨리 한국으로 돌아가고 싶었습니다. 1년이 넘는 기간 동안 해외 전지훈련을 하느라 가족 얼굴도 제대로 보지 못했기 때문이었습니다.

"보세요. 비행기 티켓도 미리 예약해 놨어요."

박태환은 수영 연맹 관계자들에게 빨리 갈 수 있도록 해달라고 졸랐습니다.

"네 소원대로 됐네."

수영대표팀 감독님은 폐막식에 앞서 먼저 귀국해도 된다고 말했습

니다. 선수단에서 그동안 수고한 선수들을 배려하는 차원에서 경기가 끝난 선수들을 먼저 귀국시키기로 한 것입니다.

박태환이 체조의 양학선, 펜싱의 김지연 등 대표팀 선수 30여 명과 함께 나타나자 인천공항은 순식간에 아수라장이 되었습니다.

수많은 팬들과 기자들이 선수들을 기다리고 있었습니다. 박태환은 비록 금메달은 놓쳤지만 기분이 무척 좋았습니다.

"이렇게 많은 분들이 오실 줄 몰랐는데, 정말 많이 와주셔서 감사합니다."

박태환이 방송국과 인터뷰를 시작하자마자 수많은 팬들이 곁으로 다가왔어요.

"박태환 선수! 사인요."

박태환은 밀려드는 팬들 때문에 인터뷰를 제대로 하지 못하고 공항을 떠났습니다.

박태환은 런던 올림픽이 끝난 뒤 선수 생활을 언제까지 계속할지에 대해 구체적으로 말하지는 않았습니다.

"3~4년을 런던 올림픽만 바라보고 달려왔습니다. 올림픽 이후의 계획은 아직 없습니다."

박태환은 누가 물어도 이렇게 대답했습니다.

하지만 박태환은 누구보다 꿈이 큰 선수입니다. 그리고 계획도 철저하게 세우는 선수입니다. 아마 자신의 꿈을 실천하기 위해 마음속으로는 큰 결정을 내리고 있을 것입니다.

"아들이 대학교수가 됐으면 좋겠다."

박태환이 어머니는 방송에서 이렇게 말한 적이 있습니다. 아들이 교단에 서기를 원하고 있는 거죠. 지금까지 익힌 전문적인 기술을 후배들에게 전수해주면 좋겠다는 생각 때문입니다.

박태환도 부모님 뜻에 따라 차근차근 장래를 준비하고 있습니다. 2012년 2월 단국대 체육학과를 졸업하고 곧바로 대학원에 진학했습니다. 물론 전공은 똑같습니다. 몇 년이 지나면 학생들을 가르치고 있는 박태환 교수님을 볼지도 모르겠습니다.

무엇이 되었든 박태환은 이제 자신이 생겼습니다. 단지 금메달을 바라보는 수영 선수가 아니라 수영 그 자체를 목표로 즐길 수 있는 사람이 되었으니까요.

선수들과 도핑검사

　세계반도핑기구(WADA)는 각종 국제대회에 참가하는 선수들이 금지된 약물을 복용하는지 철저하게 감시하는 기관입니다.

　선수들이 금지약물의 유혹에 빠지는 이유는 한 가지입니다. 빠른 시간에 경기력을 끌어 올릴 수 있기 때문이죠. 약물은 근력과 지구력 등을 단기간에 향상시키는 역할을 해 선수들이 갖고 있는 능력 이상을 발휘하게 합니다. 하지만 금지약물을 계속 먹으면 몸에 문제가 생기고 마침내 사망에 이를 수도 있습니다. 도핑검사는 약물을 복용했는지를 확인하는 검사인데 약물 양성 반응이 나오면 메달을 박탈당합니다. 88서울 올림픽에서 벤 존슨(캐나다), 2000시드니 올림픽에서 메리언 존스(미국) 등 유명 선수들이 약물 복용 사실이 적발돼 금메달이 취소되기도 했습니다.

　보통 메달을 딴 선수들 위주로 검사를 하는데 박태환 선수는 뛰어난 성적 때문에 광저우 아시안 게임에서 4번이나 도핑검사를 받기도 했죠. WADA는 불법 약물 복용을 뿌리 뽑기 위해 의심 선수에 대해 경기가 아닌 훈련 과정 때부터 중점적으로 관찰하는 것으로 알려져 있습니다.

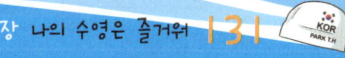

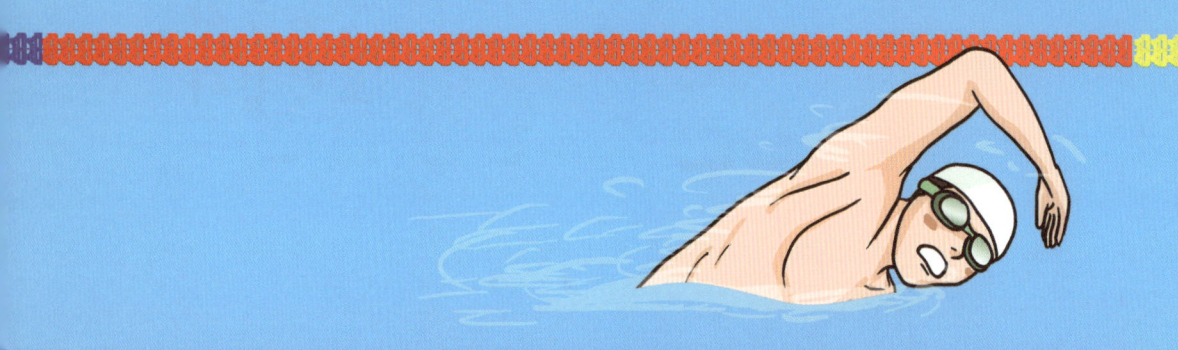

6장 절망 뒤엔 또다시 용기가

박태환수영장이 생겼어요!

"와~ 진짜, 진짜 제 이름이 쓰여 있네요!"

'문학박태환수영장' 현판을 달면서 박태환은 활짝 웃었습니다. 같이 참석한 아버지 어머니도 가슴이 벅차올랐지만 조용히 기쁨의 눈물이 흘렸습니다.

런던 올림픽 때는 올림픽 금메달 수상자들의 이름을 딴 '박태환역'이 있었습니다.

그렇지만 이번에는 수영장 건물 이름 자체가 '박태환수영장'입니다.

"언젠가 내 이름을 딴 수영장을 꿈꿨는데, 그게 현실이 됐어요."

"대단히 역사적인 일입니다. 앞으로 이 박태환수영장에서 세계적인 선수들이 커나갈 겁니다."

인천시장님도 여러 축하객들도 박수를 치며 환호했습니다.

"인천시에 감사합니다. 〈전국체전〉과 내년 〈아시아 게임〉이 이곳에서 열리는 만큼 좋은 결과를 내겠습니다."

문학박태환수영장은 인천광역시 남구 매소홀로 618번지에 세워졌습니다. 1만8천 여 제곱미터의 면적에 지하 1층에서 지상 3층인 건물로 3006석의 규모를 갖췄습니다. 국제규모의 수영장은 물론 체육시설과 각종 편의시설도 마련됐습니다. 박태환수영장으로 이름을 붙인 것은 2008년 베이징 올림픽에서 금메달을 딴 것을 기념하는 뜻이 있었습니다.

"국내에선 최고의 수영장인 것 같습니다. 김연아 선수도 자기 이름을 딴 빙상장이 있잖아요. 그게 무척 부러웠고, 언젠가는 나도 수영장이 생겼으면 하고 바랐어요."

박태환은 여전히 믿기지 않는 것처럼 즐거워했습니다.

"런던 올림픽 이후 1년 3개월 만에 첫 실전무대가 전국체전인데, 아시안 게임 준비하느라고 전국체전 준비는 많이 못했어요. 하지만 여기서 하게 되니 더 잘하겠습니다."

박태환은 며칠 전 호주에서 돌아와 자신이 전국체전 준비를 많이 못한 것이 미안했습니다. 그래서 솔직히 말하면서 더 열심히 해서 좋은 성적을 내겠다고 약속했습니다.

박태환의 전국체전에서 2007년, 2008년에 5관왕을 한 후 주로 세계 대회에 참가했습니다.

"태환이 형이다!"

축사가 끝나자 십여 명의 어린 수영 꿈나무들이 박태환 앞으로 모여들었습니다. 모두 박태환을 보고 수영 선수가 되고 싶어 달려온 꿈나무들입니다. 박태환은 선물로 준비한 수영 모자를 하나하나 나누어 주었습니다. 이 친구들이 자신의 뒤를 이을 세계적 선수들이 될 거라는 기대에 박태환도 뿌듯했습니다.

박태환은 자신의 이름을 건 경기장에서의 첫 대회인 제94회 전국체전에서 약속대로 좋은 성적을 올렸습니다. 자유형 400미터, 계영 400미터, 자유형 200미터 금메달, 계영 800미터에서 동메달을 따 4관왕을 했습니다. 여기에 역대 최다인 개인 통산 4번째의 대회 최우수선수상까지 받았습니다.

"아시안 게임에서는 개인종목이 더 중요하기 때문에 200미터, 400미터에서 제 최고 기록을 앞당기는 게 목표입니다."

자유형 선수로는 국내 유일한 세계 정상급 선수. 박태환은 1년 뒤, 같은 자리에서 세계를 넘어설 준비를 했습니다.

수영으로 지구를 몇 바퀴 돌았을까?

박태환이 빠르게 물살을 가르듯 시간도 쉬지 않고 흘렀습니다.

박태환은 차근차근 아시안 게임을 준비했습니다.

"이야, 이 정도면 괜찮은데!"

"네, 컨디션이 나쁘지 않아요."

"좋아, 아시안 게임, 해볼 만하겠어, 힘내!"

박태환은 런던 올림픽 이후로 도와주는 후원사도 없이 스스로 훈련 비용을 마련하면서 훈련해 왔습니다. 다행히 인천시에서 도움을 주게 되었지만 턱없이 부족했습니다. 그런 어려운 속사정이 있지만 박태환은 언제나 표정이 밝았습니다. 고된 훈련 중에도 '수영에만 집중해야지' 하는 생각만 했습니다.

2014년 봄, 훈련 정도를 알아볼 겸 호주 시드니에서 열린 뉴사우스웨일스 스테이트 챔피언십 대회에 참가했습니다.

박태환은 100미터에서는 48초 42로 한국 신기록을 수립하고, 100미터와 400미터에서 금메달을 따 대회 2관왕에 올랐습니다.

박태환은 조금 더 대회 감각을 올리기 위해서 8월에는 호주 퀸즐랜드주 골드코스트에서 열린 팬퍼시픽 대회에 출전했습니다. 박태환은 자유형 400미터에서 3분 43초15로 기록 면에서는 세계랭킹 1위로 금메달을 땄습니다. 이번으로 대회 3연패의 우승자가 됐습니다.

9월 어느 날이었습니다. 느닷없이 세계반도핑기구(WADA) 위원들이 찾아왔습니다. 국제적인 대회인 아시안 게임을 앞두고 각국의 선수들의 도핑을 감시하기 위해 불시에 검사하기 위해서였습니다.

박태환은 철저하게 자기관리를 하고 훈련해 왔기 때문에 당당하게 응했습니다.

"저는 평소와 똑같아요."

박태환도 그 누구도 걱정할 것이 없었습니다.

"저는 제 훈련으로, 제 실력으로 평가받기를 원합니다."

박태환은 첨단 기술의 도움을 받는 전신수영복을 입지 않았던 자신을 떠올렸습니다. 맨몸으로 헤엄쳐 왔고 맨몸으로 수확해 낸 값진 기록

과 금메달을 그 무엇과도 바꾸고 싶지 않았습니다. 기록을 위해서 양심을 버리고, 수영을 버릴 수는 없었으니까요.

"짜요~쏜양", "박태환, 박태환!"
"장내에 계신 관중 여러분, 출발 전후에는 잠시 응원을 멈춰 주십시오."

수영장 관중석에 가득 한 관람객들의 함성에 진행원의 목소리도 파묻힐 지경이었습니다.

수영은 0.01초를 다투는 스포츠이기 때문에 손끝 하나, 숨 한번 쉬는 것 차이로 희비가 엇갈리게 됩니다. 출발선에 들어선 선수들은 아주 예민할 수밖에 없습니다. 그날의 날씨, 물의 온도, 수영장 온도, 물깊이, 물의 저항 등 모든 것이 기록에 영향을 주기 때문입니다. 선수들의 긴장감과 부담감은 상상을 초월할 때입니다.

그런데 경기장에 응원하러 나온 사람들은 크게 소리쳐 응원을 보태고 싶어 했습니다.

선수들은 자유형 200미터 예선에서 스타트 신호음을 듣기 위해 온몸의 힘을 집중하고 있었습니다. 관중들도 조용히 선수들이 출발 신호를 들을 수 있도록 숨을 죽이고 기다렸습니다.

"탕!"

선수들은 일제히 물속으로 뛰어들었습니다. 그와 동시에 관중석의 함성이 하늘을 찌를 듯이 울려 퍼졌습니다.

"역시, 박태환입니다. 박태환 선수, 이제 마지막 터닝을 하고 결승 지점을 향해 물살을 가르고 있습니다!"

박태환은 호흡을 가다듬었습니다. '해 내고 말테다, 가자, 가자, 훅, 훅.'

박태환은 인천 아시안 게임에서 100미터에서 은메달, 200미터, 400미터, 200미터 계영, 100미터 혼계영, 100미터 계영에서 동메달을 땀으로서 모두 6개의 메달을 수확했습니다. 이 대회로 박태환은 한국인 아시안 게임 통산 최다메달(20개) 신기록을 세웠습니다.

"제 다음 목표는 리우 올림픽입니다."

대회를 마친 박태환은 지난 번 런던 올림픽의 아쉬움이 남아 있었습니다.

한 번의 올림픽을 준비하기 위해서는 지구 세 바퀴 반을 수영해야 하는 박태환이었습니다. 박태환은 멈추거나 쉬지 않았습니다.

박태환은 지난 10년 동안 지구를 몇 바퀴나 돌았을까요?

정말 리우에 가고 싶었어요!

"네에?"

박태환은 청천벽력이 내리치는 것 같았습니다. 도무지 믿기지 않았습니다.

"그럴 리가 없습니다. 절대로 그런 일이 일어날 수는 없습니다!"

언제나 차분하면서도 긍정적이며 자제력이 강했던 박태환이었지만, 그날만큼은 굉장히 크게 흔들렸습니다.

박태환은 손이 부들부들 떨리는 것 같았습니다. 심장이 터질 듯하고, 가쁜 숨을 몰아쉬며 수영을 하던 것보다 크게 쿵쾅거렸습니다.

"믿을 수가 없어요, 어떻게 나 자신도 모르는 약물이 나올 수 있는 거죠?"

박태환은 물속에서 그렇게 힘차게 킥을 하던 두 다리도 물처럼 흘러내리는 것 같았습니다.

"태환아, 괜찮다. 너는 아무 죄가 없어. 너도 모르고 우리 가족도 모르는 그런 약물을 한 적이 결코 없으니까. 걱정하지 마."

박태환은 지난 번 도핑검사에 양성반응이 나왔다는 결과를 받아보고는 기가 막혔습니다. 도깨비한테 홀린 것 같기도 하고, 악몽을 꾸는 것 같았습니다.

"그럴 리가 없어요, 절대, 절대로!"

박태환은 억울함에 울부짖다시피 하며 뛰쳐나갔습니다.

온 나라가 충격에 빠졌습니다. '국민 영웅' 박태환이 무너진 것입니다. 박태환은 허리치료를 위해 이용했던 병원에서 무심코 사용한 주사제에 금지약물 성분이 있다는 것을 몰랐습니다. 병원에서도 그 약품이 박태환을 옭아맬 위험한 주사가 될지를 철저하게 확인하지 않았습니다.

박태환이 그동안 쌓아올린 모든 명예는 한 순간에 나락으로 떨어졌습니다. 국민들은 한편으로는 배신감에, 한편으로는 '국보급 선수'를 허술하게 관리하는 대한체육회를 비난하기도 했습니다. 하지만 현실은 너무도 냉혹하고 차가왔습니다. 사정이야 어쨌든 검사에서 금지약물

성분이 검출되었기 때문입니다.

2015년 3월, 세계수영연맹(FINA)은 박태환에게 징계처분을 내렸습니다. 검사 양성판정을 받은 2014년 9월 3일부터 18개월간 선수 자격이 정지되었습니다. 해당 시점 이후에 달성한 2014년 아시안 게임에서 따낸 모든 메달이 자동으로 박탈되었습니다.

"아버지, 어머니, 누나, 저 이제 수영 그만 할래요."
"미안하다, 태환아. 우리가 좀 더 철저하게 확인했어야 했는데, 내 잘못이다."
"아닙니다. 선수는 저잖아요. 제가 저 스스로를 지켰어야 했어요. 주사제 약병도 확인하고, 의사 선생님께 다시 한 번 확인했어야 했는데……"

박태환은 가족들이 슬퍼하고 괴로워하는 것이 더 힘들었습니다. 이제까지 자신을 버티게 해준 가족들이었는데, 자기 때문에 고통을 받게 한 것 같았습니다.

"그 동안 몇 번이나 수영을 그만 두고 싶었던 고비가 있었잖니. 자, 이번에도 이겨 낼 수 있어. 우리가 실수는 했지만, 결백한 것은 명백한 사실이잖니."

박태환은 쏟아지는 비난과 억울함과 스스로에 대한 자책감으로 견딜

수 없었습니다.

'아, 이렇게 나는 끝나는 건가.'

도대체 어떻게 해야 이 악몽을 벗어날 수 있을지 알 수조차 없었습니다.

그렇게 괴롭고 세상으로부터 도망치고 싶었던 시간이 흘렀습니다.

'그래, 이 시간이 나에게는 커다란 시련이기도 하지만, 다시 나를 생각하고, 수영을 생각하는 기회가 될 수 있어. 나는 반드시 내 더럽혀진 이름을 실력으로 씻고 말거야.'

박태환은 여기서 끝날 수는 없다고 생각했습니다. 박태환은 수영 가방을 챙겼습니다. 박태환은 다시 처음으로 돌아가기로 했습니다.

"선생님, 저 태환이에요. 수영할 수 있게 도와주세요."

박태환은 옛 스승인 노민상 감독님을 찾아갔습니다. 누구보다 슬퍼하고 안타까워했던 노민상 감독님은 아무 말 없이 어깨를 다독였습니다.

"첨벙! 첨벙!"

'리우 올림픽, 기다려, 내가 간다!'

박태환은 깊은 바다 같은 마음의 수영장에서 나와 힘차게 헤엄치기 시작했습니다.

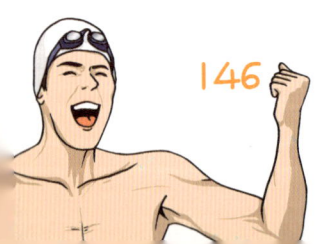

2016년 3월, 드디어 박태환의 징계기간이 끝났습니다.

박태환은 리우 올림픽 국가대표로 나가기 위해 선발전으로 〈동아수영대회〉에 출전했습니다. 그리고는 보란 듯이 전 종목 우승, 출전 A기준 기록을 갖는 유일한 선수로 뽑혔습니다.

"박태환은 안 돼."

"흥, 약물 선수가 뻔뻔하기도 하지."

"나이도 이제 좀 됐으니까, 후배들한테 양보하라고."

박태환은 리우 올림픽을 앞두고 참가신청서를 냈지만 맹렬한 반대에 부딪쳤습니다.

1년 반 동안 뼈를 깎고, 자신을 다잡으며 반성하고 불태웠던 투지는 불신을 받았습니다.

"저는 수영선수입니다. 올림픽은 모든 선수들의 꿈입니다. 저를 보내주세요."

박태환은 힘이 닿는 대로 애원하고 사정했습니다.

쑨양, 세계선수권 대회에서 만나자!

대한체육회는 약물 경력 선수는 바뀐 규정에 따라 국가대표 출전 금지 기간이 3년이라는 주장을 폈습니다.

박태환은 이미 충분히 징계를 받았고, 반성과 자숙의 시간을 가졌다고 생각했습니다. 또 고의가 아닌 실수였는데 같은 이유로 두 번씩이나 처벌받는 것은 부당하다고 생각했습니다.

하지만 규정을 바꿀 수는 없었습니다. 박태환은 할 수 없이 법원에 국가대표 선수 자격이 있다는 것을 확인해 달라는 신청을 했습니다. 법원은 출전할 수 있다고 했습니다. 그래도 여전히 알 수 없는 이유로 출전은 허락되지 않았습니다.

박태환이 애간장이 타서 뛰어다니는 사이, 벌써 출전 선수명단 제출 마감 날짜가 코앞에 다가왔습니다.

벼랑 끝에 선 박태환은 최후의 방법으로 국제스포츠분쟁재판소(CAS)에 중재 신청을 했습니다.

"아, 어떻게 될까."

"태환아, 걱정마, 잘 될 거야."

"박태환 선수, 힘내세요, 꼭 출전할 수 있게 될 거예요."

박태환은 믿고 응원해 주는 사람들이 너무 고마웠습니다.

"만세! 태환아, 됐다, 됐어!"

드디어 기다리던 심의 결과가 나왔습니다. 국제스포츠분쟁재판소는 박태환이 이중으로 처벌을 받을 필요는 없다고 했습니다.

박태환은 온갖 비난을 받으며 불확실한 출전에 마음고생에 시달리고, 훈련도 집중하기 어려웠습니다.

그렇게 간다, 못 간다, 씨름하던 끝에 리우로 가는 비행기를 탔습니다. 박태환은 마음이 무거웠습니다. 헤드폰으로 듣는 음악조차 귀에 들어오지 않았습니다.

"어? 박태환이 왜 저러지?"

"태환아, 아들아, 왜 그러니, 힘 내!"

"뭐야, 힘을 못 내잖아, 박태환, 힘 내, 힘 내라고!"

"아, 뭐야, 왜 그래, 박태환, 그러려고 그렇게 출전하겠다고 우겼냐?"

박태환은 그렇게 천신만고 끝에 출전권을 따냈던 리우에서 처참한 기록을 갖고 돌아왔습니다. 전 종목 예선 탈락에 마지막 남은 1500미터 경기까지 포기했습니다.

"경기를 잘 못한 것은 제 잘못입니다."

사람들의 비난은 끝이 없었습니다. 하지만 박태환은 묵묵히 짐을 챙겨 쓸쓸히 귀국길에 올랐습니다. 자신의 세 번째 올림픽에서 굴욕만 안은 채 빈손으로 돌아왔습니다.

눈물도 흘리지 않았습니다.

지구를 반 바퀴 돌아 귀국한 박태환은 곧장 수영장으로 향했습니다. 국내에선 훈련이 힘들어 호주 전지훈련을 떠나 3주간 땀방울을 흘렸습니다.

누가 뭐라고 하든, 아무 말도 하지 않았습니다. 말하고 싶을 때는 수영하고, 울고 싶을 때는 물을 더욱 힘껏 찼습니다.

박태환의 마음속에는 더욱 똘똘 뭉친 오기가 자라고 있었습니다. 물살을 때리는 팔은 자신을 때리는 것이었고, 두 다리의 킥은 세상을 원망하는 마음을 차버리는 싸움이었습니다.

　두 달 뒤, 온 국민은 귀가 솔깃한 뉴스를 들었습니다.
　박태환은 〈전국체전〉에서 또다시 2관왕이 되었습니다.
　아무도 기대하지 않고, 박태환의 출전 사실조차 몰랐습니다. 신문에서 조차도 관심이 없었습니다. 박태환은 거기서 멈추지 않았습니다.
　"뭐라고? 박태환이 우승이라고?"
　"2관왕이라고?"
　"뭐야, 4관왕이 됐다고? 역시, 박태환이야, 박태환밖에 없네!"
　"우리나라 수영 간판은 아직까지는 박태환이지."

　박태환은 2016년 11월 도쿄에서 열린 〈아시아수영선수권대회〉에서 100미터, 200미터, 400미터, 1500미터에서 금메달을 걸며 4관왕이 되었습니다.
　"다시 시상대에서 듣는 애국가, 너무도 기뻤습니다."
　박태환은 일본, 중국 선수들의 독무대에서 무너진 한국 수영의 자존심을 되찾아 주었습니다. 박태환 자신의 명예와 자존심도 다시 세울 수 있었습니다. 10살 어린 후배들과의 경쟁에서도 밀리지 않았습니다. 포기를 모르는 정신력과 지독한 훈련의 힘이었습니다. 박태환은 세계무대에서 다시 웃었습니다.

"쑨양, 기다려, 우리 세계선수권대회에서 만나!"

박태환의 수영은 아직은 끝이 아닙니다.
박태환에게 수영은 가장 좋아하는 일이기 때문입니다.